나에게는 책이 있습니다

나에게는 책이 있습니다

초 판 1쇄 2023년 02월 14일

지은이 최무정
펴낸이 류종렬

펴낸곳 미다스북스
총괄실장 명상완
책임편집 이다경
책임진행 김가영, 신은서, 임종익, 박유진

등록 2001년 3월 21일 제2001-000040호
주소 서울시 마포구 양화로 133 서교타워 711호
전화 02) 322-7802~3
팩스 02) 6007-1845
블로그 http://blog.naver.com/midasbooks
전자주소 midasbooks@hanmail.net
페이스북 https://www.facebook.com/midasbooks425
인스타그램 https://www.instagram/midasbooks

© 최무정, 미다스북스 2023, *Printed in Korea.*

ISBN 979-11-6910-153-0 03190

값 15,000원

독서혁명가의 인생반전 책 사용 설명서

나에게는 책이 있습니다

최무정 지음

미다스북스

저자의 인사말 〈나에게는 책이 있습니다〉

글을 따라 왼쪽에서 오른쪽으로 위에서 아래로 그리고 과거, 현재, 미래를 관통하는 차원이 다른 책을 있다면? 연금술사를 통해 수백 권의 책을 세공한 단 한 권의 책이 눈앞에 있다면 어떻게 할 것인가?

기업가 정신을 가장 잘 느낄 수 있는 최고의 한마디는 현대 정주영 회장의 "이봐, 해봤어?"와 삼성 이건희 회장의 "마누라, 자식 빼고 다 바꿔봐!"일 것이다. 기업이 신경영을 선언하는 것처럼 기업가 정신으로 독서를 한다면 어떻게 될까? 모든 것을 다 바꿀 수 있지 않을까?

"이봐, 독서 해봤어? 책 빼고 다 바꿔봐!"를 외쳐본다.

『나에게는 책이 있습니다』는 책 속에 기록된 저자의 행동을 찾아 독자의 삶으로 연결할 수 있는 책 이야기다. Part A, B, C로 구성된 이 책은 대산 신용호의 "책은 사람을 만들고, 사람은 책을 만든다."라는 말처럼 저자의 삶이 그대로 담겨 있다.

책과 삶을 함께하면서 대기업 퇴사, 건강 독서경영 마스터, 북 카페 창업, 달려라 아빠육아 출판권 계약, 음식독서단 맛독서가 강의, 책 훈장 앱 비즈니스 등 액션 영화처럼 삶이 변화한다. 새로운 도전 앞에서 두려움 없이 현실에 안주하지 않고, ○책을 읽고, △생각하고, □하면 된다.

삶을 살아가면서 무엇을 어떻게 해야 하는지 모를 때, 한 권의 책은 앞으로 나아가기 위한 삶의 모든 것을 제시한다. 책이 제시한 길을 따라가다 보면 새로운 인생의 길 위에 서게 될 것이다. 꿈이 현실로 이루어지는 방법을 책 속에서 발견할 때 하루가 책처럼 하루가 꿈처럼 느껴질 것이다. 내가 알고 있는 책의 이야기를 독자도 알게 된다면, 일상의 창조적 파괴자로 인생의 변화를 즐기는 라이프 체인저(Life Changer)로 자신만의 라이프 북 스타일(Life Book Style)을 만들어갈 것이다.

일상의 변화를 즐기고 가슴 뛰는 삶을 살아가고픈 독자의 손에 이 책을 바친다.

독서혁명가 최무정 북 드림

저자의 소개말 〈독서혁명가 최무정의 ○△□〉

● "이봐, 독서해봤어?" 읽고,

■ "책 빼고, 다 바꿔봐!" 하다.

○ 『독서천재가 된 홍대리』 읽고,

□ 3가지 미션 성공하다.

○ 『인생의 차이를 만드는 독서법, 본깨적』 읽고,

□ 독서포럼나비, 양재나비 독서모임 참석하다.

○ 『청소력』 읽고,

□ 마이너스를 없애는 청소력을 실천하다.

○ 『머리를 쓰지 않는 똑똑한 바보들, 디지털 치매』 읽고,

□ 55인치 Full HD TV와 작별하다.

○ 『지식세대를 위한 서재컨설팅, 베이스캠프』 읽고,

□ 한 해 책 444권, 책장 5개 구입하다.

○『아침형 인간』읽고,

□ 새벽 4시 44분 기상, 아침형 독서를 시작하다.

○『성과를 지배하는 바인더의 힘』읽고,

□ 메인 바인더 기록 및 서브 바인더 100개 제작하다.

○『프로페셔널의 조건』읽고,

□ 15년 근속 뒤로한 채 삼성전자 DS부문 퇴사하다.

○『바인더의 힘』읽고,

□ 3P자기경영연구소 건강 독서경영 마스터 입사하다.

○『건강 관리 혁명』읽고,

□ 8주, 8권, 88한 건강 독서경영 과정을 시작하다.

○『다이어트 불변의 법칙』,『간헐적 단식』읽고,

□ 건강검진 B→A등급 업그레이드하고, 85→74kg 감량하다.

○ 『생각의 비밀』 읽고,
ㅁ 100일 100번 쓰기하다.

○ 『우리 까페나 할까?』 읽고,
ㅁ 무한가족 북카페 창업하다.

○ 『음식문맹자 음식시민을 만나다』 읽고,
ㅁ 서울특별시 식생활종합지원센터 음식독서단 맛독서가로 강의하다.

○ 『칼비테의 자녀 교육법』 읽고,
ㅁ 아빠의 육아 공부를 시작하다.

○ 『푸름아빠의 아이 내면의 힘을 키우는 몰입독서』 읽고,
ㅁ 자녀를 위한 책 2,000천 권 이상 구입하다.

○ 『이젠 책쓰기다』 읽고,
ㅁ 도서출판 씽크스마트 출판권 및 전송권 설정 계약하다.

○ 『나는 앱으로 백만장자가 되었다』 읽고,
ㅁ 앱 비즈니스로 책훈장 앱을 출시하다.

○ 『인생 수업』, 『내가 알고 있는 걸 당신도 알게 된다면』 읽고,
□ 큰나무실버하우스 노인요양시설 요양보호사로 입사하다.

○ 『노후파산』, 『가족의 파산』 읽고,
□ 메리츠화재 보험설계사(노후 설계사)로 입사하다.

○ 『THE NEXT TRILLION』, 『손정의 300년 왕국의 야망』 읽고,
□ 쿠팡풀필먼트서비스 물류사원으로 입사하다.

○ 『세상을 담은 밥 한 그릇』 읽고,
□ 송호욱병원 조리사로 입사하다.

○ 『체인지 메이커』 읽고,
□ 행정전문학사, 사회복지사 2급 취득하다.

○ 『하고 싶은 일이 없는 사람은 사회적기업가가 되어라』 읽고,
□ 화성효나눔노인복지센터에 사회복지사로 입사하다.

○ 『체 게바라 자서전』 읽고,
□ 독서 혁명가 책 펴봐라! 선언하다.

목차

○ Intro

책삶남 ○△□ (ㅇㅅㅁ)

△ Part B
나는 책과 삶을 같이하기로 했다

1장 책과 독서

2장 삶과 독서

□ Part C
나를 꿈꾸게 하는 것은 책이다

1장 독서 혁명가의 꿈

2장 경제 독립가의 꿈

3장 지식 생산자의 꿈

Intro

책삶남
○△□
(ㅇㅅㅁ)

1.

왜 읽은 책을 기억하지 못할까?
- 책삶남의 비밀

세대의 배경과 사회적 시각으로 생성된 언어로 '초식남, 건어물녀, 절식남, 육식남' 등이 있지만, '책삶남'이라는 언어는 살면서 처음으로 본다.

책삶남은 과연 무엇일까? 책? 삶? 남? 책과 삶을 구분하지 못하고 책만 보는 남자일까? 책의 저자처럼 삶을 살아가는 남자일까? 책으로 삶을 변화시키는 남자? 책삶남은 다양한 철학적인 생각을 내포함과 동시에 '책이 삶에 남다.'라는 의미를 가지고 있다.

책이 삶에 남는다는 것은 책이 삶에 남는 독서를 하는 것이다. 삶에서 마주하게 되는 인생의 문제에 해결을 제시하는 책을 읽고, 생각하고, 행동하면서 더 나은 내일을 만들 수 있다. 책이 삶에 남는 독서는 책을 삶으로 기억하며, 나아가 책과 삶이 하나가 되는 삶을 살아가는 것이다.

 책 읽는 사람이라면 누구나 기억나는 책이 있을 것이다. 하지만 읽은 책이 많아질수록 기억에 남는 것이 있을까? 아마도 책의 제목도 생각나지 않을 때가 많다. 왜 지금까지 읽은 책을 기억하지 못할까?

 책을 읽고 기억할 때마다 에빙하우스의 망각 곡선에 의해 시간이 지날수록 기억에서 점점 사라지는 것을 느낄 수 있다. 책을 읽은 후 어떻게 기억할까? 이런 고민을 하지 않고, 책 속의 글이 삶에 흔적으로 남는다면 자연스럽게 책을 기억하게 된다.

 인간의 기억력을 주제로 하는 뇌섹남(뇌가 섹시한 남자)의 책을 보면 이야기와 이미지로 기억을 저장하고 있다는 것을 볼 수 있다. 『나에게는 책이 있습니다』는 '책이 삶에 남다'와 같이 저자의 이야기가 이미지처럼 느껴지고, 때로는 영상물처럼 보인다. 저자의 관점에서는 책과 삶의 실질적인 일상을 한 편의 영화를 보는 것처럼 기억하기 아주 쉽다.

 독자도 책삶남의 방법을 따라 한다면 다양한 책을 자연스럽게 삶으로 기억하게 될 것이다.

2.

읽고, 생각하고, 하면
삶이 365°변한다

이 책에는 책삶남의 ○△□이 있다. 456억 원의 걸린 의문의 서바이벌에 참가한 사람들이 최후의 승자가 되기 위해 목숨을 걸고 극한 게임에 도전하는 오징어 게임의 ○△□ 상징처럼 보일 수 있지만, 책삶남의 ○△□은 하나하나 의미가 있다.

'○ 책을 읽고, △ 생각하고, □ 하면 된다.'라는 책삶남의 가치관이 들어 있다.

책을 읽고 생각하고 하면 된다. 아주 쉬운 말처럼 들리지만, 아는 것과 하는 것의 차이가 있는 것을 알고 있다면, 생각과 행동을 하나로 만들기는 쉽지 않다. 하지만 책삶남의 ○△□은 책 속에서 ○△□을 찾아서 하나의 핵심을 정리하여 바로 실천할 수 있다.

하지만 왜 지금까지 책을 읽고 실천하지 못할까?

책을 읽으면 생각과 행동을 분리해서 생각은 더 넓고 깊게 만들고, 행동은 목표 달성을 이룰 수 있는 체크리스트를 만들어 내는 연습도 필요하다. 하지만 무엇보다 생각을 행동으로 바로 연결할 수 있는 실질적인 액션을 잘 찾는 것이 중요하다.

책 속에서 찾은 하나의 액션만 잘 실천해도 하나의 삶을 살아갈 수 있고, 365일 매일 1°변화하여 1년 뒤에는 완전히 다른 삶도 살아갈 수 있다. 단순하게 책만 읽고 생각으로 끝나는 것이 아니라 저자처럼 책을 읽고, 남다르게 생각하고, 될 때까지 하면 된다는 신념으로 다양한 책과 함께 다양한 삶을 살아갈 수 있다. 어떤 책을 선택하느냐가, 이제는 어떤 삶을 선택하느냐이다.

3.

책, 삶, 저자에는
○△□가 있다

책을 읽고 생각하고 하면 된다. ○△□의 의미를 확장해보면, ㅇㅅㅁ이 나온다. ㅇㅅㅁ의 초성을 찾아서 다양한 의미를 찾아보면, 야성미, 우수미, 완성미, 예술미, 역사미, 이색미 등 다양한 언어를 볼 수 있다. 책삶남에는 ㅇㅅㅁ에서 찾은 3가지 아름다운 미가 있다. 책의 야성미, 삶의 완성미, 저자의 역사미다.

- 책의 야성미

책 그대로의 글에서 풍기는 다양한 생각과 행동에는 멋이 있다. 책 속에서 만나는 저자의 생각과 행동이 야생에서 살아서 날뛰는 한 마리의 말처

럼 느껴진다. 처음에는 야생말이 두려워 가까이 다가가지 못하다가 점점
말과 함께 무한한 야생을 질주하는 모습을 보게 된다. 이 책에는 책의 야성
미가 페이지마다 보물찾기처럼 숨겨져 있고, 야생말을 길들이는 과정에서
야성미를 가득 풍기는 책의 아름다움을 만나게 될 것이다.

- 삶의 완성미

삶에서 꼭 필요한 가족/관계, 건강, 경제, 성장, 신앙/봉사의 지식을 찾
아서 삶의 균형을 바로 잡아준다. 그리고 점점 더 나은 내일을 향해 갈 수
있는 다양한 삶의 액션이 담겨 있다. 삶을 살아가면서 마주하게 되는 수많
은 문제는 삶에 절망을 선사하지만, 때로는 책에서 만난 삶의 희망이 선물
처럼 느껴진다. 이 책에는 삶을 완성할 수 있는 다양한 액션이 기다리고 있
으며, 하나하나씩 실천을 통하여 날마다 모든 면에서 점점 더 좋아지는 삶
의 완성미가 가득 담겨 있다.

- 저자의 역사미

저자의 삶이 한 권의 이야기책으로 축소되어 있고, 삶을 살아오면서 친
구처럼 연인처럼 때로는 아빠처럼 함께했던 수많은 책과 삶이 역사서처럼
펼쳐져 있다. 책을 읽기 전 어떤 삶을 살았는지, 책을 읽은 후부터 어떤 삶
을 살아가고 있는지 한 번에 볼 수 있다. 삶의 희노애락을 책과 함께하고,
책과 함께 미래를 꿈꾸는 것을 보면서… 책이 삶에 주는 선물을 많이 받았
으면 좋겠다.

야성미, 완성미, 역사미를 통하여 책의 아름다움을 느껴보자.

1단계 : 재미가 없는 무미

2단계 : 어떤 대상에 마음이 끌린다는 감정을 수반하는 흥미

3단계 : 아기자기하게 즐거운 기분이 생기는 재미

4단계 : 전문적으로 하는 것은 아니지만 즐기기 위하여 하는 취미

5단계 : 말이나 글 또는 현상이 지닌 뜻을 이해하는 의미

6단계 : 아름다움을 추구하여 거기에 빠지거나 깊이 즐기는 탐미

7단계 : 참된 아름다움으로 진정한 취미가 되는 진미

4.

독서력을 강하게 하는 3가지
- 생각, 행동, 꿈

이 책에는 3명의 ㅇㅅㅁ이 있다. 바로 엑스맨, 액션맨, 예스맨이다. 각자의 맨은 특성에 맞게 생각과 행동 그리고 꿈을 간직하고 있다. 책삶남의 이야기와 이미지에 맞게 각 Part A, B, C에는 엑스맨의 생각하기, 액션맨처럼 행동하기, 예스맨의 꿈 이야기의 설명으로 책을 읽고 즐기는 독서력을 강하게 만든다.

Part A에 등장하는 '엑스맨의 생각하기'는 현재의 시점에서 과거의 자신에게 책에 대한 깨달음과 상황에 맞는 책을 추천해준다. 그리고 책 읽기 전까지 알 수 없는 것을 깨닫게 해주고, 다양한 관점의 생각으로 현 시점을 재해석하는 새로운 생각을 하게 만든다. "생각을 바꿔봐!"라고 외치며 계속 변화의 시작을 알린다.

Part B에 등장하는 '액션맨처럼 행동하기'는 책의 핵심이자 삶의 변화하는 실질적인 액션을 제시한다. 독자의 입장에서 바로 액션할 수 있도록 단순하면서 강렬한 액션은 삶을 365°로 바꿀 수 있는 변화의 기회를 선물한다. 책을 읽으면 삶이 변한다는 사실을 삶으로 기억하기 위해서 액션맨을 만난다면 "일단 해봐!"을 따라서 바로 하면 된다.

Part C에 등장하는 '예스맨의 꿈 이야기'는 책을 읽고 삶을 선택하고, 책과 삶이 하나가 되는 꿈 이야기이다. 책이 삶에 남는 것을 넘어 책으로 삶을 꿈꾸게 하는 것이다. 저자의 실질적인 책과 꿈 이야기로 독자의 입장에서 어떤 책으로 어떤 꿈을 이루어 나갈지 생각할 수 있는 시간을 선사할 것이다. 책을 읽을수록 "나에게는 꿈이 있습니다."

엑스맨, 액션맨, 예스맨의 만남을 통하여 책을 읽는 단계를 키워보자.

1단계 : 아는 것이 없는 무식
2단계 : 사람들이 보통 알고 있거나 알아야 하는 상식
3단계 : 사물을 분별하고 판단하여 앎을 알아차리는 인식
4단계 : 대상에 대한 실천을 통해 알게 된 명확한 이해를 하는 지식
5단계 : 뛰어난 식견이나 건전한 판단이 가능한 양식
6단계 : 학문에 있어 견식이 높은 지식을 가지고 있는 유식
7단계 : 깨어 있는 상태에서 자기 자신이나 사물에 대한 작용을 아는 의식

5.

책삶남의
책 사용 설명서

어린 시절에 만난 책들은 하나같이 문제로 가득했고, 매일같이 숙제로 인해 책과 함께 친하게 지낼 수조차 없었다. 삶을 살아가면서 제일 재미있는 순간은 친구들과 함께 뛰어놀던 시절이라 생각한다. 책도 어린 시절의 친구처럼 재미있고 언제든지 편안하게 만날 수 있어야 한다. 책삶남의 책 놀이법은 독서법이 아닌 놀이법으로 친구처럼 편안하게 만날 수 있는 책 읽기다.

이 책은 독서법인가? 'No'라는 대답이 나오면 (−)행동을 하지 말고, 놀이법인가? 'Yes'라는 대답을 한다면 (+)행동하여 자신의 친구로 사귀면 된다.

책삶남 책놀이법은 자신이 좋아하고 편안한 친구를 만나서 책을 읽는 과정으로 의무적으로 하는 것이 아니라 의식적으로 변화할 수 있는 부분을 찾아서 액션하면 된다. 지금부터 친구와 함께 신나게 놀아보자.

☐ **책을 훑어보고 관심 있는 목차에 표시(○)해보자.**

②인생의 차이는 본격적 책 읽기가 만든다.

→ 관심 있는 목차가 많을수록 매력적인 책이다.

☐ **중요한 부분에 밑줄을 그어보자.**

'○ 책을 읽고, △ 생각하고, ☐ 하면 된다'는 책삶남의 가치관이 들어 있다.

→ 중요한 부분을 통해 핵심이 무엇인지 볼 수 있다.

☐ **책의 날개 부분을 펼쳐 책 속의 보물을 찾아 적어보자.**

왼쪽 날개는 생각할 것, 오른쪽 날개는 행동할 것

→ 생각할 것을 분별하고, 행동할 것을 착실하게 해준다.

☐ **밑줄을 생각과 행동으로 구분하여 그어보자.**

이 책은 독서법인가? 'No'라는 대답이 나오면 (−)행동을 하지 말고, 놀이법인가? 'Yes'라는 대답을 한다면 (+)행동하여 자신의 친구로 사귀면 된다.

→ 페이지에 있는 생각과 행동을 한 번에 식별할 수 있다.

□ **책의 생각할 것과 행동할 것으로 생각주간, 행동주간을 계획해보자.**

일주일간 저자처럼 생각하기, 일주일간 저자처럼 행동하기

→ 저자의 삶이 자신의 삶처럼 느껴지고, 저자처럼 될 수 있는 자신감이
생긴다.

□ **3색 볼펜이 있다면, 책을 읽으면서 ○△□를 찾아 표시해보자.**

○ 검은색 : 처음 본 것, △ 파란색 : 생각할 것, □ 빨간색 : 행동할 것

→ 모양과 색깔에 의해 ○△□의 비중을 알 수 있고, 많을수록 삶에 도움
이 되는 책이다.

□ **책을 읽으면서 ○△□를 더 심도 있게 찾아 3색 볼펜으로 표시해보자.**

○ 검은색 : 처음 본 것   ⊙ 연구할 것, ☆ 중요한 것, ♡ 기억할 것

△ 파란색 : 생각할 것   ? 궁금한 것, ! 깨달은 것, ◇ 토론할 것

□ 빨간색 : 행동할 것   － 하지 말 것, ＋ 해야 할 것, ÷ 공유할 것

→ ○△□의 다양한 기호로 책 읽는 다양한 재미를 선사한다.

□ **3색 인덱스 & 5색 인덱스가 있다면, 중요한 부분에 인덱스로 표시해보자.**

3색 인덱스 : ○ 파란색(처음 본 것), △ 노란색(생각할 것), □ 빨간색(행
　　　　　　동할 것)

5색 인덱스 : 가족/관계(초록), 건강(주황), 경제(빨강), 성장(파랑), 신앙/
　　　　　　봉사(노랑)

→ 인생에 필요한 지식을 한 번에 찾을 수 있다.

□ 생활 맞춤 체크리스트를 만들어보자.

가족/관계, 건강, 경제, 성장, 신앙/봉사별 체크리스트

→ 모든 면에서 점점 더 좋아지고 있는 완성된 삶을 이끈다.

□ 나만의 명언집을 만들어보자.

가족/관계, 건강, 경제, 성장, 신앙/봉사, 행복/성공별 명언집

→ 자신을 위로하고 격려해주는 책의 치유를 받게 된다.

□ 읽고 싶은 책을 찾아 독서리스트를 만들어보자.

저자의 인생책처럼

→ 자신의 삶이 어떻게 변화하고 있는지 책을 통해 생각할 수 있다.

□ (   )에 자신만의 단어를 넣어 의미를 완성해보자.

→ 자신만의 단어로 자신에게 꼭 필요한 구절이 완성 된다. (37쪽과 257쪽을 활용해보자.)

□ 책의 핵심 키워드를 찾아보자.

책삶남, ○△□ , 엑스맨의 생각, 액션맨의 행동, 예스맨의 꿈

→ 핵심 키워드로 주제를 요약하고, 마인드맵을 그릴 수 있다.

□ 주제를 찾아 한 줄로 요약해보자.

책이 삶에 남는 방법은? 저자처럼 책을 읽고, 남다르게 생각하고, 될 때까지 하면 된다!

→ 전체적인 시각으로 책을 해석할 수 있게 된다.

□ 인생의 전환점이 될 한 가지 행동을 찾아보자.

인생의 차이는 본격적 책 읽기가 만든다

→ 행동할 것 중 한 가지 행동을 찾아 인생의 전환점을 만들 수 있다.

□ 자신이 생각하는 책 제목으로 고쳐보자.

나에게는 책이 있습니다. ···▶ 나에게는 친구가 있습니다.

→ 자신만의 책 제목으로 책을 재해석하는 즐거움이 있다.

□ 책 표지에 저자 이름을 지우고 자신의 이름을 써보자.

→ 진정한 책의 주인으로 책을 선택하고 삶을 선택하게 된다.

□ 책 표지 뒷면에 가격을 지우고 가치를 재평가해보자.

15,000원 ···▶ 100,000,000원

→ 자신이 하는 일에 지식을 적용하여 새로운 가치를 창출할 수 있다.

□ 독서 후 한 장 요약하여 필요할 때마다 보자.

바인더, 한글문서, 블로그, 인스타그램, 페이스북 등

→ 언제 어디서든 생각날 때마다 바로 찾아서 볼 수 있다.

□ 독서 모임에 참여하여 읽은 책을 재독해보자.

지역독서모임, 독서포럼나비

→ 독서 모임으로 책의 재독과 동시에 다양한 삶의 경험을 공유하게 된다.

□ 책 속에 소개된 곳을 구경해보자.

노인복지관, 건강생활 지원센터, 청년일자리카페 유잡스, 화성오산교육청 Wee센터 등

→ 책과 함께 여행하는 것이 무엇인지 알게 된다.

□ 읽은 책이 생각날 때 재구매하여 전과 비교해보자.

밑줄, 키워드, 주제, ○△□의 변화, 생각과 행동의 차이 등

→ 얼마나 성장했는지 스스로 평가할 수 있다.

□ 책의 지식이 필요한 지인을 찾아 책을 선물해보자.

→ 책의 지식을 통하여 지인의 삶에 작은 변화를 선물할 수 있다.

□ 지식 유산으로 남겨주고 싶은 책을 선정하여 가족과 함께 책을 읽어보자.

→ 가족의 새로운 문화가 생겨난다.

□ 서로의 인생책을 선물하는 서가들이(인생책+집들이)를 해보자.

→ 지식을 나누는 서가들이로 서로의 삶에 좋은 영향을 주고받게 된다.

□ 책이 삶에 남았는지 생각해보자.

"네가 (   )을 길들인다면

우리는 서로를 필요로 하게 되는 거야.

너는 내게 이 세상에서 하나밖에 없는

존재가 되는 거야.

난 내게 이 세상에서 하나밖에 없는

존재가 될 거고…."

- 『어린 왕자』의 한 구절 변용 -

Part A

나의 그때도,
지금 읽은 책을
알았다면

1장

책 읽기 전까지,
알 수 없는 것이 있다

.

.

.

1.

책의 의미를 알았다면,
지금의 나는 어떻게 변했을까?

"나는 책과 거리가 멀다."

초등학교 때 부모님의 이혼에 아버지의 재혼으로 새어머니와 살았고, 어
느 날 갑자기 아버지는 간암으로 돌아가셨다. 어머니는 돌아가신 아버지를
대신하여 모든 부담을 떠안은 채 다시 받아주셨고, 세 자녀를 키우기 위해
밤낮으로 노력하셨다. (어머니 무한정 사랑합니다.)

초등학교 생활기록부를 보면 읽기 능력이 부족하고 수업 태도가 산만하
여 학습력이 약하다는 평가를 받았고, 성적은 역시나 우수보다 '미양가가
가'가 가득했다. 졸업까지 교과서 외에 단 한 권도 책을 읽지 않았고, 책을

읽지 못해 교실 뒤에서 두 손을 들고 있었던 기억밖에 없다. 책보다 텔레비전이, 공부보다 게임이 더 좋았다.

그랬던 내가 어떻게 지금 책과 친하게 지낼 수 있을까?

중학교 때는 말이 없고 학급에 소극적이었다. 맹장 수술로 10일간 결석했지만 선생님의 눈에 나는 잘 보이지도 않았다. 내세울 수 있는 것은 수업 일수 227일 개근뿐, 609명 중 592의 석차로 고등학교에 진학하여 하루빨리 취업하여 학교를 벗어나는 길밖에 아무것도 보이지 않았다.

고등학교 입학을 위해 선택한 1지망 기계과는 나의 실력을 알고 있는지 전공을 허락해주지 않았고, 단어조차 생소한 3지망 화학공업과, 학교에서도 폐강되는 마지막 학과로 배정을 받았다.

'선생님이 추천한 1지망은 합격할 수 있다고 했는데….'

그날 너무 억울하여 학교에 전화까지 하였지만 이미 결정된 사항을 변경될 수 없었고, 단지 "하얀 가운을 입고 수업을 받는다."라고 위로 아닌 위로를 받았다. 그렇게 난 책과 공부 그리고 학교에 아웃사이더로 서성거렸다.

매일 하늘을 바라보면 친구와 같이 정문을 통과해 등교하였지만, 수업시간이 되면 땅속에 파묻은 것처럼 책상에 얼굴이 딱 붙어 있었다. 아무런 의욕도 생기지 않았던 학기 초에 아무도 하지 않는 학급 반장 선거는 오기

일까? 아니면 도전일까? 질문할 때 들지도 않던 손을 인생에서 처음으로 들어 올렸다.

"저요! 제가 반장을 하고 싶습니다."

'세상에 내가 지금 무슨 짓을 한 거야? 도대체 왜?' 아무런 생각도 없이 손을 들다 보니 식은땀이 온몸으로 느껴졌다. 그런데 세상이 어떻게 된 것일까? 행운의 여신이 나의 손을 잡아당긴 것처럼 반장 선거에 당선되었고, 당장 수업마다 일어나 "전부 차렷! 선생님께 경례!"를 외쳤다. 소극적인 학교생활에 적극적으로 날 끌어당겼다.
'한순간 오른손 때문에….'

수업 시간마다 "차렷! 경례! 차렷! 경례! 차렷! 경례!" 반장의 힘은 정말로 대단했다. 수업 시간마다 문제 풀이나 질문을 유도할 때마다 책상에 딱 붙어 있던 나를 일으켜 세웠고, 교과서라는 책을 볼 수밖에 없는 환경을 만들었다. 그렇게 학급 성적도 46명 중 2등으로 일어났다. 꿈에도 상상을 못 했지만….
반장의 책임이 일으켜 세운 성적과 마지막 학과라는 의미 덕분에 드라마처럼 대기업에 원서를 접수할 수 있게 되었고, 입학 때 억울했던 순간은 합격과 함께 입속에 들어가 초콜릿처럼 달콤하게 녹아버렸다. 과거의 순간이 시간의 의미를 거꾸로 흘러가게 했다.
'세상에! 나에게 이런 일이 생길 줄이야!'

빅터 프랭클의 『삶의 의미를 찾아서』처럼 책의 의미를 미리 알았다면, 학교에서 아웃사이더로 반장의 '차렷! 경례'도 필요 없이 스스로 주도적인 학습을 할 수 있지 않았을까? 만약에 학창시절에 지금 깨닫게 된 책의 의미를 조금이라도 알았다면 지금의 나는 어떻게 변했을까? 책에 대한 자신의 생각을 바꿔 봐!

2.

성공하는 사람들의 습관과
거꾸로 가는 청개구리의 삶은?

"사람은 나면 서울로 보내고, 말은 나면 제주도로 보내라."

어릴 때부터 이 말을 계속 생각했고, 말의 힘에 이끌려 19년 동안 살았던 고향인 경상남도 창원을 떠나 성공을 위한 환경인 경기도 용인에 위치한 삼성전자 반도체에 입사를 했다. 회사의 이름이 그려진 정문을 보는 순간 기대로 가득했고, 앞으로 성공이라는 꽃길을 걸어가게 될 것만 같았다.

하지만 기쁨도 잠시…. 날 기다리고 있던 것은 뜬눈으로 일해야 하는 3조 3교대의 변형 근무와 애국가에 나오는 최첨단 반도체 라인 뒤에 숨겨진

오폐수처리장이었다. '왜 이곳에 배치를 받았을까?'라고 생각했지만, 이런 질문은 대기업 앞에서 하지 말아야 할 고민일지 모른다. 주어진 일에 만족할 뿐….

'그래, 돈만 벌면 되지?' (엑스맨의 생각? 1.)

그렇게 회사에서 존재의 의미를 빼고 현실의 재미만 더한 채, 직장 생활의 새로운 경험에 점점 중독이 되었다. (엑스맨의 생각? 3.)

어릴 때 텔레비전에서 보던 음식들이 회식 때마다 두 눈에 딱 차려져 있었고, 미쉐린 가이드에 나올 듯한 음식에 미각을 빼앗겨버렸다. 회식할 때마다 세계 최고의 챔피언이 된 것처럼 두 손을 들고 몸무게의 신기록을 매번 갱신하였다.

그리고 사회 초년생으로 돈 관리하는 것과 무색하게 받은 월급을 주체하지 못하였고, 카드 값은 월급날 한 번에 빠져나갈 만큼 씀씀이는 계속 커져갔다. 그때에 알게 된 나이트클럽과 독한 양주 그리고 이성에 이끌려 모든 것을 현실에만 충성하게 했고, 감각이 마비된 상태로 시간은 계속 흘러 군입대라는 날벼락 같은 통지를 받았다.

'아! 생각 없이 놀기만 했구나!' (엑스맨의 생각? 4.)

우르르 쾅쾅 천둥의 소리처럼 운명의 장난인지? 아니면 원인에 의한 당연한 결과인지? 모르겠지만, 육군 현역으로 복무하여 받은 특기가 시설관리로 또다시 오수처리장에서 근무하게 되었고, 군 생활 끝날 때까지 벗어나지 못하였다. (엑스맨의 생각? 5.)

그 시간 동안 나도 모르게 기도를 했다.

'제발! 오수처리장에서 벗어나게 해주세요.'

입대하면 대부분 정신도 차리고, 군 생활 동안 책 한두 권 정도는 읽는다고 말하는 사람들의 말을 들었는데…. (엑스맨의 생각? 6.) 전역하는 순간까지 책 표지조차 본 기억이 없고, 수신자 요금 부담으로 전화기만 들었다. (엑스맨의 생각? 6.)

당연한 것처럼 대기업이라는 자만심에 취해 전역 후 복직을 선택하였고, 기도의 기적인지 직무는 변경되었지만 아무런 변화도 없이 2년 전과 똑같이 다시 되돌아갔다.

'바보같이, 난 무엇을 한 것일까? 아직도 정신을 못 차렸구나.' (엑스맨의 생각? 7.)

그때 이 책을 더 빨리 읽었다면, (엑스맨의 생각? 2.)
제자리에서 높이뛰기만 하고 있지 않았을 텐데….

스티븐 코비의 『성공하는 사람들의 7가지 습관』과 본문의 (엑스맨의 생각?)을 연결해보면, 청개구리의 삶이 어떤 것인지 알게 된다.

1. 자신의 삶을 주도하라.

2. 끝을 생각하며 시작하라.

3. 소중한 것을 먼저 하라.

4. 승승을 생각하라.

5. 먼저 이해하고 다음에 이해시켜라.

6. 시너지를 내라.

7. 끊임없이 쇄신하라.

3.

잘하는 게 뭐야? 잘하는 게 뭐야?
진짜 잘하는 게 뭐야?

회사 기숙사, 회사 기숙사, 회사 기숙사 똑같은 길을 얼마나 반복하며 왔다 갔다 했을까? 쳇바퀴처럼 돌아가는 일상에서 벗어나지도 더 나은 내일을 위한 성장도 하지 못하였다. 그렇게 모든 생각을 잊어버리고, 좋아하는 것과 잘하는 것이 무엇인지 모른 채 자신까지 잃어버렸다.

'소크라테스는 너 자신을 알라고 했는데….'

회사 직장인으로 마땅히 해야 할 진급은 1년은 기본이고 계속 누락되었고, 당연히 갖추어야 할 조건인 정보 활용 능력과 외국어의 자기계발은 하지도 않았다. 동기들은 대부분 진급을 했는데, 진급 누락에도 나는 자존심이 없는 것일까? 아니면 진급해야 할 의미조차 느끼지 못한 것일까?

'도대체, 난 왜 이렇게 된 것일까?'

서서히 열등감이 마음 한편에 자리를 잡게 되었고, 콤플렉스까지 가지게 되었다. 혼자 앉아 있을 때면 어김없이 콤플렉스가 찾아와 복싱 경기처럼 방 안에서 단둘이 시합하게 되었고, 그때마다 방 한편에 있던 샌드백 같은 칠판을 앞에 두고 몇 시간째 나의 내면에 잽을 날렸다.

'잘하는 게 뭐야? 잘하는 게 뭐야? 쩹 쩹 쩹…'

그리고 칠판 중앙에 선을 긋고 못하는 것과 잘하는 것을 나열해보기로 시작한 순간, 못하는 것은 연속 어퍼컷처럼 날아오는데, 잘하는 것은 허공만 가로지르며 아무것도 쓸 수가 없었다. 그래도 '진짜! 잘하는 것이 없을까? 조금이라도 있다면 한 번 써보자!'라고 생각하니 3가지 정도 쓸 수 있었다.

1. 개근
2. 회사 선배를 따라서 우연히 가입한 수화동호회
3. 동호회 따라서 하게 된 봉사활동

그중에서 '봉사활동'이라는 선한 영향력의 한 단어가 눈에 딱 들어왔다.

"그래, 1년 동안 봉사활동 한 단어만 생각하는 거야!"

△ 엑스맨의 생각 읽기

톰 래스의 『위대한 나의 발견 강점 혁명』에서 인생을 바꾸어줄 성공의 비밀은 강점에 있다고 한다. 40년간 클리프턴 박사가 1,000만 명의 사람들을 대상으로 인터뷰한 인간의 재능 34가지 유형이 있는데, 한 번의 설문 조사로 나의 강점을 찾아서 바로 성장할 수 있다. 아무것도 없는 허공만 가로지르고 있던 과거의 나에게 읽어보라고 주고 싶은 책이다. 책을 읽고, 현재의 생각을 바꿔 봐!

4.

한 단어만 생각했을 뿐인데,
어떻게 이럴 수가?

낙타처럼 나타난 봉사활동은 인생이라는 텐트 안에 얼굴을 언제부터 들이밀기 시작하고 있었던 것일까? 학창 시절 배고파서 초코파이를 먹기 위해 올라탄 헌혈 버스 때문에 하차하지 못하고 있었던 것은 아닐까?

그렇게 시작된 봉사활동은 자연스럽게 회사 생활을 하면서도 조금씩 자리를 잡고 있었고, 어느덧 잘하는 것에서 넘어 인생에 당당하게 들어왔다. 한 번도 자세하게 의미를 생각하지 못한 봉사는 야구공처럼 의문을 마구 던져주었다.

'봉사? 심봉사? 초코파이 情? 자원봉사자? 봉사의 달인!'

봉사를 제대로 하려면 봉사활동을 제일 많이 한다는 분을 찾아 조언을 먼저 구하기로 했지만, 돌아온 답변은 거절과 같았다. "어떻게 말해야 할지? 일상에 가까워서 봉사활동이라 할 수 없는데, 다른 곳을 찾아보면 어떨까요?"

그렇게 스스로 찾아볼 수밖에 없었지만, '봉사활동, 하나를 향해 달려보자!'고 스스로 다짐하였고, 그 순간부터 할 수 있는 모든 봉사활동을 찾고 찾아서 수첩에 일정을 기록하기 시작했다.

'월요일부터 금요일은 근무 후 퇴근하자마자, 주일은 모든 시간을 봉사만 생각하자!'

처음으로 찾아간 청각 장애인 시설인 농아원에서 손짓으로 대화하며 손의 벗이 되었고, 다음으로 정신지체 장애 시설에도 찾아가 발이 되어주었는데…. 어떻게 된 것일까. 그곳에서만 느낄 수 있는 위대한 생각을 나 자신도 모르게 할 수 있었다.

'인간이라는 존엄성으로 우리는 모두 같은 존재가 아닐까?'

지금까지 해본 적이 없던 생각에 신기했고, 깨달음과 함께 더 많은 봉사를 찾아서 하고 싶어졌다.

인생의 깨달음을 선사하는 봉사의 기쁨을 따라 이후로 사랑의 집 고쳐주기, 경로 결식 어르신을 위한 무료 급식, 헌혈의 집에서 헌혈, 빵 만들기, 장애인 이용시설에서 이미용 보조, 지역사회 및 사회복지기관에 벽화 그리기, 죽음을 앞둔 환자가 평안한 임종을 맞도록 위안과 안락을 베푸는 호스피스 봉사, 아름다운 가게에 재활용품 기증 및 판매, 지역사회 환경정화, 난치병 아동 소원성취, 노인정 문화공연 등 봉사할 수 있는 곳이며 무조건 달려가고 또 달려갔다.

'봉사활동은 무조건, 무조건이야!'

그렇게 1년 동안 435시간의 봉사활동을 할 수 있었고, 회사 내에서 봉사시간 1등으로 삼성자원봉사대상 개인상을 수상했다.

'아니, 어떻게 이럴 수가? 나에게 이런 일이 생기다니?'

봉사라는 한 단어만 생각했을 뿐인데…, 도대체 어떻게 된 일인지 궁금했지만 그것보다 봉사를 통해 자발성, 이타성, 지속성, 헌신성, 협동성, 무급성, 학습성, 전문성 등 어마어마한 특성을 몸으로 습득하게 되었고, 봉사의 특성은 나의 강점이 되어 함께 성장하고 있었다.

"오 마이 갓!"

봉사활동의 힘은 정말 대단하였다. 그 이후로 우수 봉사자에게 주어지는 해외봉사활동으로 베트남, 아프리카 말라위를 다녀왔고, 사회문제 해결을 위한 프로젝트 봉사활동으로 잠비아까지, 그것도 전부 전액 지원을 받아 무료로 다녀왔다.

'대박, 대박, 대박 사건!'

봉사활동이라는 한 단어를 선택하고 1년 동안 생활했던 것에 정말 대단한 힘이 숨겨져 있다는 것을 느낄 수 있었다. 책 읽기 전까지, 알 수 없는 것이 있었는데…. 게리 켈러의『원씽 THE ONE THING』에서 저자는 자신에게 가장 중요한 한 가지 원씽을 찾아 집중하고 파고들라고 제안하며, 그 힘이 바로 복잡한 세상을 이기는 단순함의 힘이라고 했다. 나도 모르게 무릎과 이마를 딱 쳤다. 한 단어로 생각을 바꿔봐!

1년 동안 무조건 달려간 봉사활동을 뒤돌아보며, 어떤 것을 얻었는지 생각해보았다. 소원별 희망천사를 통해 난치병 아동의 소원으로 공주방을 꾸미며 깜짝 선물을 했고, 감동한 아이의 눈물을 보는 순간 같이 눈물을 흘리며 기쁨이라는 것을 알게 되었다. 그리고 봉사활동에 함께 참여하면서 삶의 기쁨을 알게 된 친구는 날 찾아와 말했다.

"널 위해 난 죽을 수 있어!"

봉사하면서 삶의 기쁨도 알고 인생의 소중한 상부상조 하는 친구도 생기고….

'이게 정말 행복일까?'

봉사를 통해 정말 수많은 것을 얻었다.

하지만 기쁨도 잠시 지킬 박사와 하이드처럼 긍정적인 이미지 뒤에 숨겨
진 이기적인 또 다른 모습이 나타났다. 봉사해야 한다는 강박관념이 생겨
수혜자의 욕구보다 봉사자인 나의 만족만 채우고 있었고, 무엇보다 지식
없이 이것저것 생각하지 않고 닥치는 대로 봉사한 것에 반성이 생겼다.

'봉사도 모르고 봉사하고 있었다니!'

그렇게 난 떳떳하지 못한 상을 버렸고, 죄송한 마음을 사죄하기 위해 '지
금까지 했던 봉사활동을 다시 해보면 어떨까?'라고 생각했지만 그렇게 하
기엔 전문적인 지식이 없다는 것을 깨달았고, 먼저 자기계발을 해야겠다고
다짐했다. 그리고 종이를 꺼내 하나씩 부족했던 것을 생각해 보았다.

사랑의 집 고쳐주기(도배, 장판), 경로 결식 어르신을 위한 무료 급식(한식조리), 난치병 아동 소원 성취(건강과 운동), 노인정 문화공연 (웃음치료, 요양보호)

△ 엑스맨의 생각 읽기

틱낫한의 『화』에서는 마음에 화가 풀리면 인생도 풀린다는데…. 마음속에 숨겨져 있던 잘못이라는 죄책감의 생각에 사로잡히지 않고 벗어나, 평상심을 유지하고 마음을 다스리는 것이 중요하다는 것을 알게 되었다. 만약에 이 시기에 이런 생각을 하지 못했더라면 한 발짝도 앞으로 나아갈 수 없었을 것이다. 생각을 바꿔봐!

"친구야, 널 위해 나도 죽을 수 있어"

2장

책 읽은 후부터,
알게 되는 것이 있다

.

.

.

1.

자기계발은
인생 그 자체나 다름없다

마음속에 숨겨져 있던 잘못을 반성하고 부족했던 것을 생각해 보니, 의식주와 관련된 인생의 근원적인 자기계발이 필요하다는 것을 알게 되었다. 하지만 '어떻게 자기계발을 해야 할지?' 몰랐고, '자기계발, 자기계발, 자기계발'만 생각한 끝에 자기계발서가 떠올랐다.

'그래, 일단 도서관에 한번 가보자!'

인생에 있어 도서관을 두발로 걸어서 처음으로 찾다니, 그것도 20대가 되어…. 많이 창피했지만 도서관에 들어선 순간 놀라움으로 변했다.

자기계발서는 뻔하다고 생각했는데, 책장 앞에서 만난 자기계발서에 성공, 행복, 리더십, 인간관계, 시간관리, 취업, 창의적 사고 등 인생에서 꼭 필요한 모든 지식이 담겨 있다는 것에 놀라웠다.

'이게 자기계발이라고 하는 건가? 인생 그 자체 같네!'

책을 잡고 내 안에 잠든 재능의 거인을 깨우고자 노력했지만, 책의 페이지 수 799쪽에 압도되어 바로 제자리에 두었다.

'자기계발서 아직 무리야! 자격증 취득부터 먼저 해보자!'

취득할 수 있는 자격증을 찾고, 봉사활동할 때처럼 무조건 찾아가고 또 찾아갔다. '자기 계발의 완성은 자격증을 갖추는 것이다.'라는 생각으로, 1년 동안 1개월에 1개 자격증 취득하기에 도전을 했다. 그래서 편안한 기숙사에서 나와 1.5평의 고시원에 들어갔고, 자격증이라는 한 단어만 또 집중했다. 낮에는 회사 생활, 밤에는 고시원과 학원에서 매일 같이 공부하며 자격증 취득에 도전했다. 1개 자격증을 취득하기 위해서는 짧게 1개월 길게 1년 6개월의 시간이 들었고, 비용도 최소 10만 원에서 150만 원 이상 투자해야 했다.

1년 뒤, 100% 달성을 넘어 시간이 지난 지금 취득한 자격증은 어느새 요양보호사, 웃음치료사, 도배기능사, 응급처치법 강사, Personal Trainer, 한식조리기능사, 화훼장식사, CS강사, 대형/특수면허, 독서경영지마스터, 소방안전관리사, 손해보험설계사, Smart MBA 경영 인증, 사회복지사 등을 취득하였다.

'생각할수록 신기하네. 어떻게 이럴 수가!'

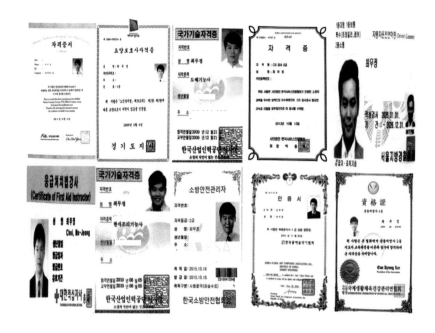

　최성락의 『나는 자기계발서를 읽고 벤츠를 샀다』 책에서는 벤츠를 살 수 있는 가장 빠른 방법은 자신의 사고방식과 행동이 변할 때까지 자기계발서를 계속 읽는 것이라고 한다. 자기계발의 꽃, 자격증을 취득하는 것은 위와 같은 원리로 자신의 사고방식과 행동을 변화시키는 것이다. 최종 변화의 끝에 자격증이라는 증서로 남아 자신의 자존감을 높여준다. 나를 성장시키는 것이 무엇인지 생각을 바꿔봐!

2.

인생을 살아가면서
꼭 필요한 공부가 있다

자격증 취득의 희망과 정반대로, 통장의 잔고는 0원으로 절망적이었다. 아니 정확하게 말하면 마이너스 통장이었다. 자격증 취득을 위한 여러 곳의 학원 등록비와 고시원에서 인스턴트 식생활은 경제적으로 많은 부담이 되었다. 미래를 위한 저축이나 투자를 생각조차 못 했다는 생각에 어리석다고 생각했는데…. 지금까지 경제적인 관점이나 돈 관리에 대한 공부를 받은 적이 없었다.

'왜, 인생을 살아가면서 꼭 필요한 공부는 못 받았을까?'

조언해줄 아버지도, 생각을 토론할 친구조차 없었기에 지식을 찾아 다시 도서관을 찾을 수밖에 없었다.

'도서관에 답이 있겠지.'

경제 분야의 다양한 책을 자세하게 읽기보다는 지금 당장 필요한 부분을 골라 하나씩 실천하며, 1억 모이기에 도전했다. 가계부 쓰기, 통장 쪼개기, 저축하기, 보험, 펀드, 주식 투자하기 등. 하지만 어떻게 된 것일까? 시간이 지나면 당연히 모여야 할 돈은 투자라는 명분으로 매번 화장실 변기에 앉아 주식의 주가만 확인하는 투기가 되어버렸고, 저축한 돈은 전부 어디로 사라졌는지 알 수 없었다.

대기업에 입사하여 10년이 흘렀지만, 집은 월세에, 자동차는 대출에, 소비는 신용카드로 계속 제자리걸음 상태였고, 책에서 나오는 글처럼 되도록 빨리 거지가 되는 것이 더 편안해 보였다. 결국 1억 모이기는 실패로 끝나고, 개선할 의지도 느끼지 못한 채 다른 돌파구를 찾아 결혼에 관심을 돌리게 되었다. 나이가 서른이면 주변에서 흔히 이런 말을 자주 듣는다.

"여자 친구 있어? 애인 있어? 결혼은 언제 해?"

어릴 때부터 혼자 지낸 시간이 많아서 애정 결핍처럼 이성의 관심을 마음이 아닌 돈으로 환심을 사고 싶어 했고, 혼자라는 사실이 더 두려워 이성에게 항상 관심이 많았다. '나도 결혼할 수 있을까?'

그리고 순간 이런 생각이 들었다.

'아! 돈을 모아야 할 목적을 찾지 못했구나!'

이진우의 『39세 100억, 젊은 부자가 되는 7가지 방법』을 읽고, 생각을 바꿔봐!

1. 정금의 법칙을 이해하라.

   → 최악의 환경을 즐기고 마음껏 이용하라.

2. 세상 공부를 시작하라.

   → 학교교육으로부터 완전히 벗어나라.

3. 완전한 거지가 되어라.

   → 지출을 늘리면서 수입을 더 큰 폭으로 늘려라.

4. 처세의 첫걸음, 부동산 실전 투자

   → 당신은 지금 처절한 경제전쟁을 준비하라.

5. 멘토를 완벽하게 카피하라.

   → 인생에 충격파를 줄 수 있는 멘토를 찾아 떠나라.

6. 젊은 부자는 이렇게 결혼한다.

   → 인생의 터닝포인트, 결혼을 통해 무한한 에너지를 얻어라.

7. 나만의 파이프라인을 발견하라.

   → 파이프라인 ONLY ONE 기법으로 절대적 부를 축적하라.

3.

포기하지 않으면
기회와 방법은 있다

나는 이성을 학창 시절 5대5 미팅에서 처음으로 만나 100일 동안 짝사랑
하여 기다린 끝에 처음으로 사귀었고, 취업으로 고향을 떠나 "눈에서 멀어
지면 마음에서 멀어진다."라는 말처럼 헤어져 버렸다. 이후 군 입대 1개월
을 남겨두고 나이트클럽에서 만나 논산훈련소로 들어가는 날, 날 위해 한
없이 울었던 그녀는 군대에 가자마자 이등병인 나를 두고 고무신을 거꾸로
신었고, 상병 때 다시 고무신을 제대로 신었지만, 이번에는 내가 군화를 벗
으면서 헤어졌다.

그렇게 혼자 있는 외로움을 견딜 수 없어 이성을 만나도 얼마 지나지 않

아 헤어짐을 반복했고, 결혼을 생각할 수 없을 만큼 경제적인 여유나 집안
의 배경 그리고 학벌의 지위조차 내세울 수 있는 것이 없었다.

'연애, 결혼, 출산 포기한 3포 세대는 뉴스에서만 봤는데.'
'내가 3포 세대라니.'

△ 엑스맨의 생각 읽기

3포는 옛말이고, 요즘은 7포세대(연애, 결혼, 출산, 내집 마련, 인간관계,
꿈, 희망)라고? 포기하지마! 생각을 바꿔봐!

화훼장식사 자격증 취득을 목표로 회사 내에 있는 꽃꽂이 동호회에 가입
했다. 동호회 회원은 전부 여성이었고 직접적으로 말을 한 것은 아니었지
만, 나에게 말을 걸고 있는 것만 같았다.

'동호회에 남자가 들어왔어?'
'꽃꽂이 동호회인데 남자가 왜?'
'그러게 말이야.'

동호회 문을 열고 들어선 순간 모두의 시선은 날 향해 화살처럼 꽂혔고,
난 두려움에 순간 고민을 했다.

'세상에나, 어떻게 하지?'

'테이블 끝에서 조용하게 있을까? 아니면 중앙에서 당당하게 있을까?'

'끝에 있으면 날 변태로 볼까? 그건 절대 안 돼!'

중앙에서 가만히 있는데 또 고민이 생겼다.

'나만 빼고 전부 여자네.'

'사람들을 계속 본다면 변태로 낙인이 찍힐지 몰라. 이것도 절대 안 돼!'

그 이후로 진짜 화성에서 온 이상한 남자가 되어 3년 동안 꽃만 꽂았고, 화훼장식사 2급 취득과 함께 아내를 만나 나비처럼 변태되어 훨훨 날 수 있었다.

'나도 결혼을 하다니….'

△ 엑스맨의 생각 읽기

존 그레이의 『화성에서 온 남자 금성에서 온 여자』 책은 서로의 언어와 사고 방식이 다르다는 남녀의 차이를 명확하게 인식을 시켜줌과 동시에 차이를 편안하게 받아들여 더불어 잘 지내는 방법을 인도하고 있다. 한 권의 책을 읽고 현재의 만남을 재해석해보면 어떨까? 솔직히 이 책을 읽고 남자인 나 자신을 더 많이 이해했다. 기존에 가지고 있던 남자, 여자에 대한 생각을 바꿔봐!

4.

오늘이
마지막인 것처럼 살아라

꽃꽂이 동호회에 가는 날이면 떡볶이 먹고 싶어 연락을 했고, 3년 동안 꽃꽂이 바라보기만 했던 사이에서 활짝 핀 꽃을 꽂는 횟수만큼 2년 6개월 연애 끝에 우리의 관계도 결혼이라는 꽃이 피었다. 하지만 한 송이 꽃을 피우기 위해 내겐 잠도 오지 않는 날이 많았다.

'월세, 대출, 카드값, 자동차 할부금…. 어떻게 말해야 할까?'

어떻게 말해야 할지 망설이고 있을 때, 갑자기 한 편의 시가 번개처럼 떠올랐다.

"사랑하라, 한 번도 상처받지 않은 것처럼

춤추라, 아무도 바라보고 있지 않은 것처럼

노래하라, 아무도 듣고 있지 않은 것처럼

일하라, 돈이 필요하지 않은 것처럼

살라, 오늘이 마지막 날인 것처럼"

알프레드 디 수자의 시처럼 아무렇지 않은 것처럼 말했고, 그녀는 날 향해 한없이 울었다.

"미안해, 정말…."

사랑의 콩깍지 덕분일까? 그녀는 경청과 공감으로 현재의 모든 상황을 이해해주었고, 함께 결혼을 준비하자고 오히려 날 위로해주었다.

'한나님 감사합니다.'
'한나님 고맙습니다.'
'한나님 사랑합니다.'
'한나님 행복합니다.'

난 그때 한나님을 통해 하나님을 만난 것만 같았다.

인생에서 가장 행복한 순간이 결혼이라 생각한 우리는 1시간 만에 끝나는 찍어내는 결혼식보다 우리나라 전통을 살리는 전통혼례를 선택했고, 버려지는 종이 청첩장보다 "잘 먹고 잘 살겠습니다."라고 적힌 숟가락을 선물하였다.

그리고 결혼을 위한 상견례, 드레스, 메이크업, 한복, 결혼반지, 예물, 예식장 예약, 배차 신청, 신혼여행 등은 월급 날마다 하나씩 준비하며 1년이라는 시간이 소요되었지만, 결혼을 향한 행복한 여행처럼 느껴졌다. 결혼식 비용 3,312만 원, 신혼집 꾸미기 1,183만 원의 돈은 결혼이라는 목적이 있고 부부로 함께하니 더 빨리 모을 수 있었고, 비록 집은 1.5억 대출받았지만 3년 만에 완납했다.

그리고 결혼 169일 뒤 우리에게 달아(태명: 달콤한 아이)가 찾아왔다.

임마누엘 페스트라이쉬(이만열)의 『한국인만 모르는 다른 대한민국』 책은 한국의 훌륭한 문화적 유산에 넘치는 애정을 갖고 그것을 어떻게 지키고 살려나가야 하는지에 대해 말하고 있다. 지금까지 태어나는 한국의 전통혼례식은 한국민속촌이나 관광지에서 기념 촬영하는 수준이라 생각했다. 하지만 인생에 한 번뿐인 결혼식에 한국전통혼례식으로 할 수 있어서 기뻤다.

결혼식은 1부 전통혼례식으로 신랑이 기러아범과 신부집으로 인사를 가고(친영례), 기러기모형으로 신부 어머님께 결혼 허락을 받고(전안례), 신부와 신랑이 맞절로 인사를 하고(교배례), 하늘과 땅에 맹세를 하고(서천지례), 서로의 배우자에게 맹세를 하고(서배우례), 신랑과 신부가 한 표주박을 나눈 잔에 술을 따라 마시고(합근례), 신랑과 신부가 양가 부모님과 내빈에게 큰절을 올리고(성혼례), 마지막으로 아들, 딸 낳아 천년만년 잘 살라는 의미에서 닭 날리기도 했다. 전통혼례식에 참여해 주신 모든 분께 진짜 고고고고고고고고맙습니다.

2부 행사로 판소리의 사랑가, 봉사활동팀의 색소폰 연주, 웃음치료사의 각설이 타령 및 축하 공연, 고등학교 동창의 〈뿐이고〉 트로트 등 지인들이 총 출동하여 행복한 순간을 기쁨으로 가득 채워주었다. 한국적인 결혼식으로 생각을 바꿔봐!

Part B

나는
책과 삶을
같이하기로 했다

1장

_____

책과
독서

.
.
.

1.

몰입을 위해서
육아까지 묻고 더블로 가!

달아가 태어나는 순간까지 산부인과 진료가 있는 날이면, 아내의 손을 잡고 무조건 따라갔다.

처음에는 다이아몬드처럼 빛나고, 곰돌이처럼 귀엽고, 꼬물꼬물 움직이는 모습이 사랑스러웠다.

'나도 아빠가 되는구나.'

하지만 아빠가 되는 순간, 봉사활동도 자기계발도 한동안은 못할 것 같았고, 아직 아빠를 위한 마음의 준비가 난 되어 있지 않았다.

그런 생각 끝에….

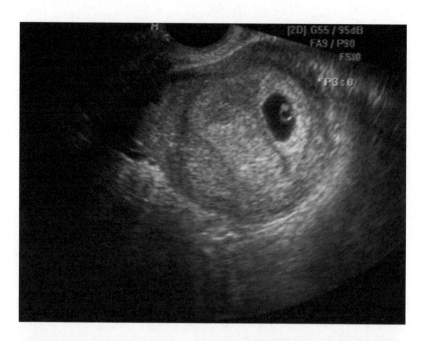

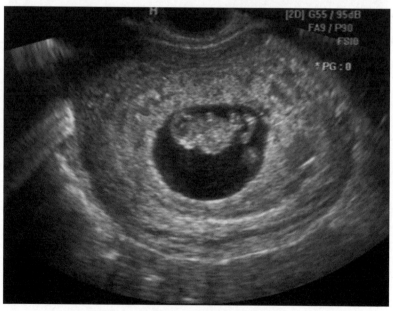

아버지로서 역할과 책임을 다하기 위해서 시간의 흐름과 공간의 거리를 뛰어넘는 책을 선택해 공부하기로 마음먹었다.

'올해 한 단어는 책 읽기다.'
'책아! 이번에는 잘 부탁해!'
'우리 친하게 지내보자!'

책 읽기를 결심하면서 '어떤 책을 선택해야 할까? 어떻게 책을 읽으면 좋을까? 그리고 어떻게 책을 읽어야 할까?' 책을 제대로 읽기 위해서 제일 먼저 책 읽는 방법인 독서법에 관하여 궁금하기 시작했고, 『독서 천재가 된 홍대리』라는 책을 만나 한 장씩 읽어보았다.

"혹시 레드 퀸 효과라고 알고 계세요? 내려가고 있는 에스컬레이터에서 위로 올라가려고 빨리 뛰어도 어지간히 빠르지 않으면 제자리에 있을 수밖에 없는 현상을 말하는 거죠. 자신의 속도가 움직이는 주변 환경과 같다면 같은 장소에 머무를 수밖에 없고 아무래 애를 써도 앞으로 나아갈 수가 없는 것을 가리키는 말이에요."

"만약 다른 곳으로 가기 위해선 지금보다 최소한 두 배는 빨라야 한다."

지금의 나를 두고 하는 말처럼 생생하게 들렸고, 책 속에서 제시한 미션을 따라 인생을 변화시키는 홍대리처럼 되고 싶었다.

'나도 홍대리처럼 될 수 있을까?'

□ 액션맨처럼 행동하기

『독서 천재가 된 홍대리』의 미션을 일단 해봐!

액션1. 무조건 두 권 읽기
액션2. 도전! 100일 33권 읽기
액션3. 100일 동안 CEO 10인 만나기

자신도 모르게 책을 읽고 있는 모습을 발견하게 될 거야!

미션과 함께 운명을 바꾸는 책 읽기 프로젝트를 시작했고, 15년 근무한 삼성전자의 종지부를 찍는 순간이 날 기다리고 있을 줄은 꿈에도 몰랐다.

2.

인생의 차이는
본격적 책 읽기가 만든다

책을 읽다가 포기하는 순간이 많았기에 책 읽기 프로젝트를 시작한 순간
부터 손에서 책을 놓지 않았다. 회사 출/퇴근할 때, 약속이 있을 때, 동호회
갈 때도 항상 책을 잡았다. 도망 못 가게….

'책은 눈으로 읽기 전에, 손으로 먼저 읽는 거야!'

책을 잡고 있다는 사실만으로 공개적인 효과가 있는 것일까? 항상 책을
들고 있던 날 위해 동호회 선배가 『인생의 차이를 만드는 독서법, 본깨적』
책을 추천해주었다.

"본깨적??? 이게 뭐예요?"

생소한 단어에 궁금했고, 선배는 설명을 해주었다.

"책에서 본 것을 깨닫고 삶에 적용하는 독서법이야!"
"진짜예요?"

책을 읽기 시작한 나에게, 궁금했던 독서법에 관한 호기심이 발동했다.

"선배, 자세하게 설명해주세요."

빛나고 있는 눈동자를 본 선배는 책을 설명하기보다는 바로 눈으로 보여주고 싶었는지 다음 말을 이어갔다.

"혹시 이번 주 토요일에 독서모임이 있는 데 같이 갈래?"
"독서모임이요???"

난 생각할 것도 없이 바로 대답했다.

"좋아요! 가요!"

독서모임이 있는 날, 눈을 의심했고 시계를 보고 또 보았다. 새벽 6시 40분 독서모임이 시작되는 충격적인 시간이었다. '세상에, 이 시간에 독서모임을 한다고?' 지하 1층 몸을 돌릴 수도 없이 좁은 곳에 70명이 799쪽의 두꺼운 책에 있는 빼곡한 글처럼 모여 있었고, 입구에서 서성이는 날 반갑게 맞아주었다.

"안녕하세요. 양재나비 독서모임입니다."
"반갑습니다."
"오늘 처음으로 오셨나요?"
"네…."
"처음 방문하시면 OT가 있는데, 안내해드릴게요."

독서모임에 오리엔테이션이 있다는 것이 참 신기했고, 나와 같은 신입 회원이 10명도 더 넘어 보였다.

'책을 읽기 위해 노력하는 사람들이 이렇게 많구나!'

출처 : 독서포럼나비 양재나비

독서모임은 같은 책을 읽고 토론을 하는 지정 독서와 각자 읽은 책을 공유하는 자유 독서로 운영하며, 본깨적 독서법을 바탕으로 독서 토론하고 지식을 공유하는 문화가 형성되어 있었다.

그리고 책에서만 존재하는 줄 알았던 저자가 직접 모임에 나와서 독서법에 관해 질문받으며 설명해주었고, 책에서만 본 저자의 모습은 위대한 위인처럼 느껴졌다. 책을 읽었던 순간이 기쁨으로 다가왔고, 독서의 즐거움이 무엇인지 조금 알 것만 같았다.

'그래, 오늘부터 본깨적으로 본격적 책 읽기 시작이다!'

□ 액션맨처럼 행동하기

『인생의 차이를 만드는 독서법, 본깨적』의 독서법을 일단 해봐!

액션1. 본 것은 파랑색 인덱스 부착하기

액션2. 깨달은 것은 노랑색 인덱스 부착하기

액션3. 적용할 것은 빨강색 인덱스 부착하기

책의 핵심이 한 번에 보이고, 책을 읽는 재미가 쏠쏠할 거야!

3.

청소력의 힘으로
실행력을 높여라

본깨적 독서법을 시작하면서 추천받아 읽은 책은 『청소력』으로, 책을 보니 잠깐 의문이 생겼다.

'왜 누구나 알고 있는 청소를 추천할까?? 두꺼운 책이 아닌 가벼운 책을 추천했을까???'

170쪽으로 한 번에 읽을 수 있는 가벼운 책이지만, 책을 펼쳐 읽는 순간 몇 페이지 읽고 멈출 수밖에 없었다.

'당신이 사는 방이 바로 당신 자신이다.'라는 주제로 시작된 이 책은 하루 종일 방을 청소하도록 만들었는데….

책에서 본 것인 마이너스를 없애는 청소력을 바로 적용했고, 쓰레기 세 봉지와 함께 방은 깨끗해졌다.

'와! 깨끗하다.'
'청소했을 뿐인데, 마음까지 상쾌하네!'

책에서 본 것을 바로 적용해보니 '청소는 실행력을 높이는 강력한 힘이 있다'는 깨달음과 동시에 '주변의 환경을 최상의 상태로 바꾸어놓는다'는 것을 눈으로 볼 수 있었다.

'청소력은 실행력을 높이고, 실행력은 독서력을 높이는구나! 그래, 이거 야.'

『청소력』덕분에 책을 읽고 즐기는 독서력이 플러스로 전환되었고, 『책만 보는 바보』가 될 것이라는 것을 꿈에도 상상을 못했다.

『청소력』의 마이너스를 없애는 청소력을 일단 해봐!

액션1. 가득찬 마이너스 에너지를 쫓아내는 '환기'하기

액션2. '버리는' 것으로부터 새롭게 태어나기

액션3. 마음을 충만시키고, 문제를 해결하는 '더러움 제거'하기

액션4. 개성, 실력을 발휘하게 하는 '정리 정돈'하기

액션5. 총 마무리, '볶음소금'으로 안정적인 자장을 완성하기

먼지 하나 없는 방을 보면, 마음속까지 정돈되는 것을 느낄 수 있을 거야!

4.

치매 예방,
디지털 미디어를 피하라

　회사 퇴근 후 집에 들어오며 제일 먼저 텔레비전 리모컨을 키고 소파에 앉아 바보처럼 웃으며 하루 일과를 채워주었던 텔레비전!

　텔레비전을 보고 있으니 상어, 사자, 뱀보다 인간의 사망을 일으키는 치명적인 생물 1위인 모기가 나온다. 모기처럼 윙윙거리는 성가신 텔레비전 소리는 날 항상 쳐다보게 했고, 가만히 앉아 피를 빨아먹고 있는 모기도 모른 채 피 같은 독서의 시간을 빼앗기고 있었다. 하지만 물리면 살짝 간지러울 뿐….

　'텔레비전 없이 살 수 있을까?'

'상상할 수가 없다.'

우연히 독서모임 추천도서에서 『머리를 쓰지 않는 똑똑한 바보들, 디지털 치매』를 읽고, 저자의 말에 충격을 받았다.

"왜 아무도 일상의 바보 화에 대한 항거를 하지 않는가?"
"디지털 미디어를 피하라."
"디지털 미디어는 우리를 실제로 뚱뚱하게, 어리석게, 공격적으로, 외롭게, 아프게 그리고 불행하게 만든다."
"우리의 번영과 문호의 유지를 위해 우리가 가진 것은 후손들의 머리밖에 없다."
"이들의 머리에 조직적으로 쓰레기를 채우는 일은 이제 그만하라!"
"자녀가 있다면 이 자녀들을 위해서 자연과 함께하는 것이 좋다."

저자의 말은 독자인 나의 피부와 살을 뚫고 들어와 온몸을 떨게 만들었고, 세상은 아는 만큼 보인다고 했는데….

'지금까지 난 무엇하고 있었지?'

그날 밤, 손을 뻗어 내려치려고 하는 순간, 55인치 Full HD TV는 우리 집을 떠나 장인장모님 집으로 피신하여 영원히 돌아오지 않았다.
'텔레비전 잘 가라!'

　　　나에게는 책이 있습니다

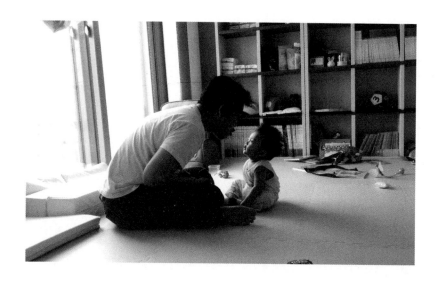

□ 액션맨처럼 행동하기

'디지털 치매'의 예방을 위하여 일단 해봐!

액션1. 텔레비전 치우기

텔레비전이 없는 공간에 무엇이 생기는지 그리고 그 시간에 무엇을 하게 될 지 알게 될 거야!

5.

최고의 독서 환경으로
베이스 북캠프를 만들어라

독서할 수 있는 최고의 환경은 무엇일까? 『최고의 변화는 어디에서 시작되는가』라는 책에서 최고의 변화는 환경이라 말했는데…. '책이 많은 서점? 아니면 조용한 도서관일까? 아니면 어떤 곳일까? 조선의 선비, 김득신의 억만재(억 번, 만 번 읽는 서재)처럼 책을 갖추어 두고 읽거나 글을 쓰는 방을 꾸미면 어떨까?'

생각만으로도 지식에 대한 굶주림에 침이 나왔고, 지금부터 세계 최고의 8,848m 에베레스트산을 올라가기 위한 최고의 환경인 베이스캠프를 준비하기로 결심했다.

『지식 세대를 위한 서재 컨설팅, 베이스캠프』에서 "정상에서 발견한 것은 (꿈)이고 이것이 베이스캠프를 거치면서 (목표)로 바뀝니다. 그리고 다시 세상으로 가면서 그 목표가 (계획)으로 바뀝니다. 현실로 돌아가서는 계획대로 (실천)하고 실천에 대해서는 반드시 (평가)를 거쳐야 (개선)이 됩니다."라고 했는데….

'꿈→목표→계획→실천→평가→개선할 수 있는 베이스 북캠프를 만드는 거야!'
'좋아, 지금 당장 책장부터 구입하는 거야!'

바로 노트북 전원을 키고, 검색하기 시작했다.
'책장 5단 120cm 시공 포함이 77,350원이라니!'
책장의 가격은 생각보다 저렴했다.
'일단 책장 5개부터 구입하자.'

옛말에 "사내라면 모름지기 다섯 수레에 실을 만큼의 책을 읽어야 한다."라는 남아수독오거서(男兒須讀五車書)처럼 다섯 수레는 아니지만 다섯 책장을 읽어야겠다고 생각했다.

'이제부터 베이스 북캠프에서 살 거야!'
'눈앞에 책(꿈)이 항상 보이게 하고, 손을 뻗어 항상 책(실천)을 봐야지!'

책장 구입과 함께 2009년부터 2016년까지 독서포럼 나비에서 추천하는 책을 전부 구입했고, 하루도 쉬지 않고 쉴 새 없이 초인종을 누르는 택배와 함께 444권 책이 끊임없이 베이스 북캠프로 입성했다.

'이제부터 독서를 제대로 해볼까?'

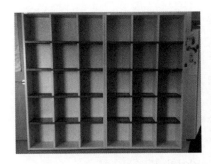 

□ 액션맨처럼 행동하기

정상으로 올라가기 위한 '베이스캠프' 구축을 일단 해봐!

액션1. 책장 구입하기
액션2. 독서포럼 나비 추천책 2009년부터 현재까지 구입하기

세상의 모든 지식이 베이스캠프에 있다고 생각해봐! 나만의 아지트가 될 거야!

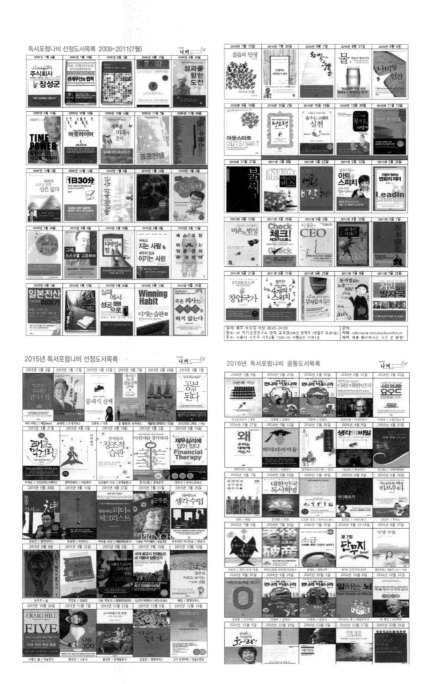

6.

뇌를 깨우는
최상의 독서 시간은 아침이다

회사 업무에, 회식에 그리고 모임까지 책을 읽는 시간이 부족했다. 최고의 환경인 베이스 북캠프도 있는데….

'왜 독서할 수 있는 시간이 부족할까?'

언제 독서하고 있는지 하루 일과를 되돌아보았다.

회사에서 업무처리를 위해 이리저리 뛰어다니고, 집으로 돌아와 아내와 함께 육아에 요리조리 돌아다니고, 지친 상태로 모두가 잠이 든 저녁만이 유일한 독서의 시간이었다. 그리고 독서할 때면 책을 베개 삼아 같이 잠이

드는 경우가 더 많았다.

'제일 힘든 시간에 책을 읽고 있었구나.'

'그래! 책을 읽는 시간부터 바꿔야겠어! 독서를 위한 최상의 시간은 언제 일까?'

의문에 아무런 생각이 나지 않았다. '모를 때에는 책을 찾아보자!' 책장 앞에 서 있던 순간 『아침형 인간』이라는 책이 손을 내밀고 있는 것처럼 책 장에서 툭 튀어나와 "저요! 저요!" 하고 소리치는 것만 같았다. '무슨 일인 지? 책이 나에게 말을 하고 싶은 것처럼…. 어디 한번 읽어보자!'

두 손에 책을 잡고 읽기 시작했고, 책 속에서 저자의 글이 귀에 대고 말 을 하는 것처럼 들렸다.

"아침형 생활은 단순히 시간관리만을 위한 것이 아니다. 아침형 인간으 로 변화한다는 것은 자신의 생활과 인생의 근본적인 변화를 몰고 온다."

'진짜? 무슨 변화일까?'

"아침형 인간의 4가지 변화는

1. 신체와 정신이 조화로운 하루, 에너지가 충만한 하루를 갖게 된다.

2. 생활에 여유를 갖게 되면서도 목표하는 성과를 달성하게 된다.

3. 세상과 자신의 삶을 대하는 자세가 달라진다.

4. 건강한 삶, 장수하는 삶을 누리게 된다."

'진짜! 정말 이득이네!'

아침형 독서 덕분에 매일 새벽 4시 44분에 일어나 독서하기 시작했다.

□ 액션맨처럼 행동하기

『아침형 인간』처럼 아침형 독서를 일단 해봐!

액션1. 현재 기상시간에서 10분씩 앞당기기

아무에게도 방해를 받지 않는 시간이자, 독서를 위한 최상의 시간이라는 것
을 깨닫게 될 거야!

7.

생각의 도구는 독서,
행동의 도구는 바인더

'1권, 2권, 3권 그리고 10권, 20권, 33권!'
'도전! 65일 만에, 독서천재가 홍대리 미션 100일 33권 읽기 성공이다!'

책과 가까이할 수 없을 것만 같았던 시작과 달리『독서천재가 된 홍대리』,『인생의 차이를 만드는 독서법, 본깨적』,『청소력』,『지식 세대를 위한 서재 컨설팅, 베이스캠프』,『아침형 인간』은 책의 흥미와 독서의 재미 그리고 삶의 의미를 더해주었고, 미치도록 책 수련하게 만들었다.

'이제는 읽은 책이 많아지고 있네.'

읽은 책이 점점 많아질수록 내용을 기억할 수 없어 다시 책을 찾거나, 한 번에 여러 권의 책을 가지고 다닐 수 없어 불편함을 느꼈다. 그리고 무엇보다 책 속에 보고, 생각하고, 메모하고, 적용하고픈 지식이 정리되지 못하여 더욱 아쉬움이 컸다.

'어떻게 하면 좋을까?' 하고 생각하고 있을 때, 독서모임에서 사람들이 항상 들고 있었던 바인더에 관하여 궁금하게 되었고, 바인더의 속을 들여다보는 순간 놀라움을 금치 못했다. 바인더는 인간 생활에 유용한 도구로 테크놀리지의 신기술을 품고 있는 것처럼 보였다. '이런 기술을 어떻게 만들었을까?' 하고 궁금해서 『바인더의 힘』이라는 책을 찾아 한 번에 읽어버렸고, 책의 내용에 더 갈증이 느껴져 마지막에 소개된 3P프로 교육과정에 입과 신청까지 했다.

'책에서 끝나지 않고 저자를 만나 교육까지 받을 수 있네.'

교육 일정에 맞춰 찾아간 곳은 3P자기경영연구소로, 저자는 대표이자 교육하는 강사의 역할까지 하고 있었다. 한 사람이 다양한 역할을 할 수 있다는 것에 신기했고, 바인더의 교육을 받는 순간 신비할 만큼 모든 것이 신세계로 변했다.

바인더를 활용하여 즉시 실행할 수 있는 자기경영 프로세스를 배울 수 있다는 주제로 시작된 교육은 시간관리, 목표관리, 지식관리, 기록관리, 업무관리, 독서경영, 건강관리의 내용을 포함하고 있었고, 지금까지 학교에서 배우지 못한 지식을 가뭄에 단비를 만난 벼처럼 쭉쭉 빨아들였다.

독서가 생각의 도구라면 바인더는 행동의 도구로, 바인더를 통해 독서를 체계적인 방법으로 할 수 있다는 것을 알게 되었다.

독서의 (목표)를 설정하고 연간, 분기, 월간, 주간, 일일 (계획)을 세워 시간 단위의 해야 할 일을 (실천)해 나갔다. 그리고 독서 전후로 북 리스트, 아이디어 노트, 좋은 글 등의 체크리스트로 스스로 (평가)하고, 지속적으로 가지고 다니면 (개선)해 나갔다.

인생에 있어 제일 소중하고 중요한 가족/관계, 경제, 건강, 성장, 신앙/봉사 부분까지 자기경영할 수 있는 바인더의 매력에 빠져 메인 바인더 작성은 물론이고, 서브 바인더 100개를 제작하여 책과 삶에 대한 모든 것을 기록으로 남겼다.

'학교생활, 회사업무, 봉사활동, 자기계발, 자격증, 전통혼례, 몰입육아, 독서경영, 자기경영….'
'바인더를 위한 책장을 하나 더 구입해야겠어!'

독서 정리를 넘어 이제는 일상의 모든 순간을 바인더에 기록하는 습관이 생겼고, 바인더 하나에 수백 권의 책을 정리하여 들고 다닐 수 있는 기쁨과 동시에 인생의 진정한 독서경영을 시작했다.

'독서와 바인더로 인생을 설계하고 가꾸어갈 수 있겠는데….'

『바인더의 힘』처럼 바인더 사용을 일단 해봐!

액션1. 메인 바인더 작성하기

- 삶 8항목 : Plan, Weekly, Meeting, Knowledge, Idea/Note, Personal, Hobby/Money, HumanNetwork
- 일 8항목 : Work, Company, Work, Performance, Project, R&D, My Story, Scrap

액션2. 서브 바인더 제작하기

- 시간관리, 목표관리, 지식관리, 기록관리, 업무관리, 독서경영, 건강관리 등

바인더를 통해서 일과 삶의 균형을 바로잡고, 체계적이고 전문적인 지식을 쌓게 될 거야!

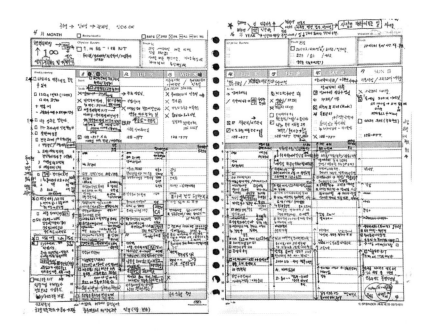

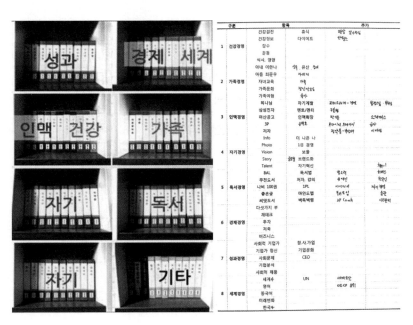

8.

독서 바보가 된 최 대리,
책 빼고 다 바꿔봐!

입사 9년 차에 봉사활동을 통해 삶의 행복을 알게 순간부터 대기업에 취직해 엔지니어로서의 직무는 행복과 거리가 멀다는 것을 알게 되었다.

그때 퇴사를 결심해 어렵게 상사에게 말하였다.

"저… 퇴사하고 싶습니다."

"갑자기 왜? 무슨 일 있는 건가요?"

"아니요."

상사는 퇴사를 생각하는 나를 위해 어떤 말을 해주고 싶어 했다.

"혹시 종이가 있으면 가지고 올 수 있나요?"

"네? 알겠습니다."

"종이 위에 앞으로 어떤 미래의 계획을 세웠는지 적을 수 있나요?"

"네?"

하얀 종이 앞에서 왜 하얗게 되는 것인지 그리고 왜 종이가 하얀색인지 알 수 있었고, 결국 퇴사를 포기했었다.

시간이 지난 입사 15년 차, 독서와 바인더를 알게 된 순간부터 삶의 변화가 이미 시작되고 있었던 것일까 열정적으로 임했던 교육 과정에서 대표와 본부장이 함께 일해보자면 스카우트 제안을 했다.

"저희와 함께 일하면서 대한민국 독서 혁명을 이루어가면 어떨까요?"

"대한민국 독서 혁명이요?"

책 속에서 항상 보았던 사명이라는 단어가 살아 움직이며 심장을 요동치게 만들었다. 하지만 상사의 승인 그리고 무엇보다 자녀가 있는 상태에서 아내의 동의를 받을 수 있을지 걱정이었고, 무엇보다 퇴사를 결정할 자신감이 없었다.

'대기업에서 결혼한 사내 부부의 연봉이 얼마인데….'

퇴사 생각에 잠겨 있던 그때 『독서천재가 된 홍대리』 미션이 생각났고, 먼저 퇴사를 결정하기 전에 조직을 이끄는 리더를 만나 인터뷰하기로 했다.

"어떻게 조직을 이끄는 리더가 되었는지 말씀 부탁드립니다."

리더는 스피드(Speed)하고 스마트(Smart)한 시스템(System)을 갖춘 성공(Success)한 사람처럼 대본을 미리 준비하고 있었던 것처럼 바로 말해주었다.

"리더가 될 수 있었던 것은 사원 때는 맡은 직무에 전문성을 가지고자 끊임없이 노력했고, 간부가 된 이후로 일과 인간관계에서 리더십과 팔로우십을 키웠기에 가능했지요. 그리고 무엇보다 어려웠던 순간을 성장통으로 여겼어요."

그다음 이어지는 리더의 대답에서 진심을 느낄 수 있었다.

"사실은 모든 것이 날 믿고 기다려준 가족이 있었기에 가능했어요. 회사에서 리더의 자리로 올라갈수록 가정에서 아빠의 위치는 내려갈 수밖에 없었지만…."

리더의 인터뷰를 통해 앞으로 계속 직장을 다니면서 리더로 성공하는 것이 진정한 행복이 아니라고 것을 느꼈고, 그리고 무엇보다 가족의 희생이

아닌 가족의 의미를 더 소중하게 생각하고 싶었다. '아내에게는 어떻게 말하지?'

"여보, 할 말이 있는데…."
"무슨 일 있어?"

아내의 눈치를 보며 힘없이 말을 이어갔다.

"이번에 스카우트 제안도 받았고…, 퇴사하고 싶은데…."

아내의 대답은 예상을 넘어 예뻤다.

"정말? 축하해!"
'도대체 어떻게 된 일이지?'
"진짜?"

독서와 바인더를 통하여 삶의 변화를 지켜본 아내는 누구보다도 잘 알고 있었다.

"여보의 눈빛이 빛나는 모습에 알 수 있었는데, 스카우트 제안을 받았다니 축하해. 그리고 좋아하는 일을 할 수 있어서 기뻐! 잘할 거라 믿어."
"정말 고마워! 난 정말 축복받은 사람이야."

아내의 믿음은 퇴사라는 두려움의 용 앞에서도 자신감 넘치는 용사처럼 당당하게 만들었다. 돌격 앞으로!

다시 상사 앞에서 이번에 당당하게 말했다.

"저 퇴사하겠습니다!"

상사는 부하 직원의 변화를 지켜보며, 이런 일이 있을 것을 알고 있던 사람처럼 대답을 했다.

"이번 퇴사 결정에, 제가 해드릴 수 있는 조언이 없는 것 같네요."

'무슨 일이지? 이렇게 쉽게 결정해주시는 분이 아닌데….' 예전에 하얗게 만들었던 종이는 없었지만, 상사는 지금까지 있었던 회사 생활을 회상하듯 자신의 생각을 말했다.

"퇴사는 미래에 대한 두려움도 크지만, 회사가 제공하는 복지 제도와 나아가 경제적인 부분에서 돈을 무시할 수 없어요. 그리고 무엇보다 혼자가 아닌 가족의 의견을 포함한 선택이기에 이번에는 반대할 수가 없네요. 인생에 있어 자신이 좋아하는 일을 할 수 있는 사람이 얼마나 있을까요? 솔직히 좋아하는 일보다 주어진 일에 만족하며 자신과 타협할 뿐…. 대기업이 주는 큰 혜택에 중독되어 이제는 스스로 나갈 수 없네요."

상사는 말이 끝나자, 바로 퇴사 결재를 승인했다. 새로운 삶의 변화를 기대하며 퇴사하는 마지막 날, 직장 동료들을 위하여 지금까지 읽은 책을 선물해주었다. 그리고 직장 동료들은 떠나는 날 향해 말했다.

"대기업에서 스스로 퇴사하다니⋯."

"완전 바보구만!"

"독서 바보가 된 최 대리!"

□ 액션맨처럼 행동하기

피터 드러커의 『프로페셔널의 조건』 책은 지식사회에는 지식만이 사회적 지위를 얻고 경제적 성과를 얻을 수 있는 유일한 생산 수단이 될 것이라 주장하며, 각 개인의 자기실현 방법에 대해 들려준다. 일단 해봐!

액션1. 자기 실현을 향한 도전으로 인생의 후반부를 준비하기

액션2. '어떤 사람으로 기억되기를 바라는가?' 생각하기

액션3. 자신의 강점을 파악하고 시간 관리하는 방법을 터득하여 중요한 일에 집중하기

지금은 어떤 것을 해야 할지 잘 모르겠지만, 이 책이 너의 손에 있는 것처럼 시간이 흐르면 자연스럽게 알게 될 거야!

2장

_____

삶과
독서

.

.

.

1.

8주, 8권, 8번의 토론으로 이뤄낸
건강 독서 혁명!

새로운 회사에서 새로운 신경영을 외쳤다.

"마누라, 자식 빼고 다 바꿔 봐!"

직장까지 10분 거리인 곳으로 집을 이사했고, 『단순하게 살아라』 책 제목과 같이 차량도 매도하여 주변을 단순하게 만들어 새로운 직무에 『몰입의 즐거움』을 느끼고 싶었다. 더 정확하게 말해 『실행이 답이다』에 나오는 퇴로를 차단해 새로운 일 외에 딴생각을 할 수 없게 했다.

새로운 일을 위한 출근 첫날, 대표는 새롭게 들어온 나를 향해 새로운 각오를 발표했다.

"이제부터 신규 과정으로 건강독서경영을 개설하는데, 이번 교육을 맡아서 해보세요."
"네?"

대표는 신규 과정을 실행하기 위하여 모든 것을 준비한 상태였고, 건강을 위해 선정된 도서를 모두 보여주면서 말했다.

"핵심 도서는 사전에 전부 읽어보세요."
"네, 알겠습니다."

직장 내에서 책을 마음껏 읽을 수 있다는 사실이 정말 기뻤고, 무엇보다 삶에서 꼭 필요한 건강 도서를 전문적으로 읽을 수 있다는 것이 마음에 딱 들었다.

직장 내에서 세상 편안하게 건강독서경영의 핵심 도서를 읽기 시작했다.

1.『식탐을 버리고 성공을 가져라』
"자신이 성공할 것인가를 알고 싶다면 먼저 식사를 절제하고 이를 매일 엄격히 실행해보면 됩니다. 만약 이것이 쉽다면 반드시 성공할 것이고 그렇지 않다면 평생 성공할 수 없다고 판단하면 됩니다. 식사를 절제할 수 있는 사람은 모든 것을 절제할 수 있습니다."

2. 『불로장생 탑시크릿』

"우리의 몸은 매일 먹는 식사를 통해 성장하고 건강을 유지합니다. 즉, 건강도 병도 평소 식생활의 결과입니다. 우리는 사람에게 무엇이 좋은 식품이고 무엇이 좋지 않은 식품인지를 모르기 때문에 병에 걸리는 것입니다."

3. 『슈퍼미네랄 요오드』

"여성들은 갑상선, 유방, 자궁 난소에 혹이 늘어났고 남자들의 전립선질환은 너무나 흔했습니다. 공통점은 모두 요오드를 먹고 사는 호르몬 관련 장기들이란 점입니다. 요오드의 대사를 방해하는 환경 독소의 중독 정도가 심각한 수준이었습니다. 인스턴트식품이 범람하고 농약 사용이 당연시되는 현실을 생각하면 당연한 결과였습니다."

4. 『물, 치료의 핵심이다』

"인체는 75%의 물과 25%의 염분으로 이뤄져 있다. 특히 뇌는 85%가 물이며 극미한 탈수나 수분결핍에도 극도로 민감하게 반응한다. 신체가 수분을 필요로 할 때 차나 커피, 술, 제조음료 등으로 순수한 천연물을 대신 할 수 있다는 생각은 가장 초보적인 오해이다. 음료수 속에 있는 카페인과 같은 탈수 물질들은 자신이 용해되어 있는 음료 속의 물은 물론 몸에 비축되어 있는 물까지도 함께 배출한다."

5. 『만성피로 극복 프로젝트』

"현대인들은 남은 칼로리는 몸에 축적되고 에너지는 발생시키지 못하는 상태가 되기 쉽다. 현대인의 영양실조는 칼로리 부족이 아닌 미세 영양소의 부족이다. 이제 영양실조라는 말을 떠올릴 때 뚱뚱하고 살이 찐 사람이 기운 없이 처져 있는 모습을 떠올리는 것이 더욱 정확할 것이다. 이것이 바로 풍요 속의 빈곤이다."

6. 『뇌내혁명』

"장수하기 위해 필요한 것은 식습관, 운동, 그리고 가장 중요한 뇌 내 모르핀을 일으키는 플러스 발상이다. 무슨 일이든 긍정적으로 받아들이는 자세가 있으면 스트레스를 이겨내고 뇌의 건강을 유지할 수 있다. 플러스 발상은 노화를 가져오는 활성 산소를 막고, 각종 병을 예방하는 효과도 있다."

7. 『다이어트 불변의 법칙』

"야생동물에게는 비만이 없다. 또한 야생동물은 음식을 끓여 먹지 않는다. 음식이 목구멍까지 차도록 먹지도 않는다. 그래서 고혈압, 당뇨병도 없다. 비만으로 고생하는 유일한 동물 인간. 끊임없이 쏟아지는 새로운 다이어트 프로그램들! 과연 효과가 있을까?

다이어트는 음식을 굶거나 한 가지 음식만을 먹고 살을 빼는 것이 아니다. 진정한 다이어트는 자신의 몸을 살리는 행위이다. 수많은 음식을 언제, 어떻게 먹을 것인지, 어떤 음식이 인간의 몸에 가장 적합한지 아는 것이 중요하다. 그리고 이러한 올바른 정보를 통해 인체에 유해한 독소와 지방을 제거하는 것이다."

8.『잘 먹고 잘 사는 법』

"경제적으로 풍요해진 사람들이 선택된 음식의 실체는 무엇인가? 혀의 판단력을 무기력화시키는 자극적인 조미료, 몸에 좋다는 각종 건강식의 범람, 동물성 지방과 단백질이 과도하게 들어간 기름진 음식, 고기에 대한 폭발적인 수요와 그 수요를 감당하기 위해 속성으로 생산되는 가축 동물과 양식 물고기, 그 동물들을 만들어 내기 위한 환경오염과 약물 남용, 인간을 죽이고 자연을 파괴하는 탐욕의 사슬이다."

'8권의 책을 읽는다고, 정말 건강해질 수 있을까?'
책을 읽으면서 의문이 생겼지만 생명을 지키는 독서라는 생각에 사명감을 느낄 수 있었고, 책 속의 지식을 제대로 실천할 수 있다면 건강할 수 있다는 희망이 보였다.
'내가 읽은 책이 나의 정신을 만들고, 내가 먹은 음식이 나의 육체를 만든다.'

건강독서경영은 8주 동안, 8권의 핵심 도서를 읽고, 8명이 팀이 되어 8번의 독서토론을 통해 지금까지 배우지 못했던 건강 지식을 체득하는 과정으로 88한 인생을 위한 88만 원의 교육비를 받았다.

처음으로 시작하는 과정에 인원이 있을까 생각하였지만 32명이 신청했고, 건강에 대한 지식의 필요성과 관심을 느끼는 사람이 많다는 것을 느낄 수 있었다.

시작하는 첫날.

"안녕하세요. 환영합니다. 건강독서경영 마스터입니다."
"오늘부터 건강독서와 건강 바인더로 건강한 삶을 선물해드리겠습니다."

건강 바인더는 건강의 목표, 관리, 성과, 지식, 일기, 운동, 투자, 정보를 8가지로 분류해 일상에서 습관의 힘을 발휘하도록 연결신호, 반복행동, 자기보상으로 이어질 수 있도록 만들었다. 그리고 매일 하루 8잔 물 마시기, 1만 보 걷기, 수면시간 8시간, 과일식, 영양제 먹기, 플러스 발상 등 건강한 생활이 습관화될 수 있도록 권장하였고, 건강을 위한 다짐과 함께 시작되었다.

"나는 8주 동안 진행되는 건강독서경영 과정에 성실하게 참여하여 내 몸의 소중함을 깨닫고 우리 가족의 건강을 지켜나갈 것을 다짐합니다."

독서의 효과인지, 아니면 지식의 실천인지, 1주차에서 8주차의 시간이 지나갈수록 건강독서경영에 참가한 사람들의 변화가 보이기 시작했다.

_작성가이드

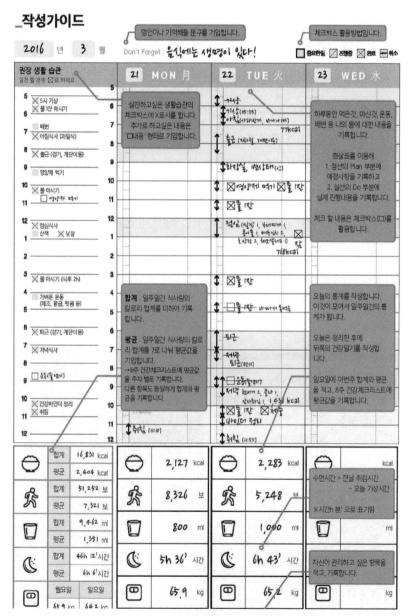

2016 년 3 월

Don't Forget : 음식에는 생명이 있다!

명언이나 기억해둘 문구를 기입합니다.

체크박스 활용방법입니다.
☐ 중요한일 ▨ 진행중 ☒ 완료 ⊟ 취소

권장 생활 습관
실천 할 것에 ☒표 하세요.

시간	권장 생활 습관
5	☒ 5시 기상
6	☒ 물 1잔 마시기
7	☐ 배변 / ☒ 아침식사 (과일식)
8	☒ 출근 (걷기, 계단이동)
9	☐ 영양제 먹기
10	☒ 물 마시기
11	☐ 영양제 먹기
12	☒ 점심식사
1	☐ 산책 ☒ 낮잠
3	☒ 물 마시기 (식후 2h)
4 5	☐ 가벼운 운동 (체조, 맨손, 윗몸 등)
6	☒ 퇴근 (걷기, 계단이동)
7	☒ 저녁식사
9	☐ 요가 (몸 펴기)
10	☒ 건강바인더 정리 / ☒ 취침

21 MON 月

실천하고싶은 생활습관의 체크박스에 X표시를 합니다.
추가로 하고 싶은 내용은 '□내용' 형태로 기입합니다.

합계 : 일주일간 식사량의 칼로리 합계를 더하여 기록합니다.

평균 : 일주일간 식사량의 칼로리 합계를 7로 나눠 평균값을 기입합니다.
→8주 건강체크리스트에 평균값을 주차 별로 기록합니다. 다른 항목도 동일하게 합계와 평균을 기록합니다.

☒ 취침 (11:10)

22 TUE 火

기상 (05:33)
아침 (사과·귤·바나나, 비타민·비(B)) 77kcal
출근 (버스정류, 계단이동)

화장실, 1일1대변 (4)

☒ 영양제 먹기 ☒ 물 1잔

☒ 물 1잔

점심 (현미밥 1, 돼지야채찌개 1, 콩나물 1, 배추김치 2, 미나리나물 2, 해조샐러드 1) 768kcal

☒ 물 1잔

☐ 물 1잔 바빠서서 못먹음

퇴근

저녁 (회식) 퇴근 (18:00)

☐ 운동 (헬스장) 저녁 (삼겹살 3, 공기밥 1, 된장찌개 1) 1,438 kcal
☒ 물 1잔 ☒ 체중
바인더 정리

☒ 취침 (11:33)

23 WED 水

하루동안 먹은것, 마신것, 운동, 배변 등 나의 몸에 대한 내용을 기록합니다.

화살표를 이용해
1. 점선의 Plan 부분에 예정사항을 기록하고
2. 실선의 Do 부분에 실제 진행내용을 기록합니다.

체크 할 내용은 체크박스(□)를 활용합니다.

오늘의 통계를 작성합니다. 이것이 모여서 일주일간의 통계가 됩니다.

오늘은 정리한 후에 뒤쪽의 건강일기를 작성합니다.

일요일에 이번주 합계와 평균을 적고, 8주 건강체크리스트에 평균값을 기록합니다.

		21 MON	22 TUE	23 WED
🍚	합계	16,831 kcal	2,127 kcal	2,283 kcal	kcal
	평균	2,404 kcal			
🚶	합계	51,252 보	8,326 보	5,248 보	수면시간 = 전날 취침시간 ~ 오늘 기상시간 ※'시간h.분'으로 표기함
	평균	7,321 보			
🥛	합계	9,462 ml	800 ml	1,000 ml	ml
	평균	1,351 ml			
🌙	합계	46h 12'시간	5h 36' 시간	6h 43' 시간	
	평균	6h 6'시간			
⚖️	월요일 / 일요일	65.9 kg / 64.2 kg	65.9 kg	65.2 kg	자신이 관리하고 싶은 항목을 적고, 기록합니다. kg

출처 : 3P자기경영연구소 건강독서경영 건강바인더

과식에서 음식의 절제로,

불규칙한 식사에서 생체주기에 맞는 식사로,

하루 3,696보에서 25,192보 걷기로,

몸무게 94kg에서 시작된 몸무게가 87kg으로,

고혈압에서 78~124mmHg 정상 혈압으로,

변비에서 황금종려상의 대변 색으로,

커피에서 천일염과 물 2.2L 마시기로

Before & After의 확실한 변화로 건강을 다시 찾았고,

성공적으로 건강독서경영 과정이 진행되었다.

"건강 독서 만세!, 건강 혁명 만세다!"

『건강관리혁명』의 책 제목처럼 일단 해봐!

액션1. 소식하기(식사를 절제할 수 있는 사람은 모든 것을 절제할 수 있다)

액션2. 술, 담배, 가공식품, 육식을 멀리하기. 현미잡곡밥을 기본으로 채소
　　　와 해조류를 중심으로 하는 채식 위주의 식사하기

액션3. 세계보건기구(WHO)가 권장하는 요오드 일일 권장량 0.15mg, 상한
　　　용량 3mg에 맞춰 먹기. 김, 미역, 다시마, 가리비, 대구, 요구르트,
　　　새우, 정어리, 연어, 달걀, 참치 등

액션4. 하루에 컵 8잔의 물(240ml씩, 총 1.9L)을 목마르기를 기다리지 말고 마시기

액션5. 규칙적인 수면시간 정하기

액션6. 플러스 발상하기 (베타 엔도르핀 분비로 면역력을 높여서 각종 병을
　　　예방한다.)

액션7. 인체의 8시간 주기로 활동하기. 낮12시~저녁8시 섭취주기/ 저녁8시
　　　~새벽4시 동화주기/ 새벽4시~낮12시 배출주기

액션8. 냉장고를 정리하고 식단을 바꾸기(무엇을 먹는가가 나라의 문화와
　　　품격을 결정한다). 인스턴트 식품, 탄산음료, 빵, 아이스크림, 육류,
　　　우유, 유전자조작 식품 피하기

책을 읽고 따라 하기만 했을 뿐인데, 건강 지수가 모두 정상으로 돌아올 거야!

2.

우리 북 카페에서
인생 독서나 할까!

　새 직장 입사 50일째, 독서포럼 나비에『김밥 파는 CEO』, 『생각의 비밀』의 저자이자, 미국에서 7번의 사업 실패에도 자수성가한 4,000억대 부자를 초청하여 서초구민회관에서 700명 대상으로 특강을 진행하기로 하였고, 사전 준비를 위해『생각의 비밀』을 읽는 순간, 저자가 성공할 수 있었던 숨겨진 비밀을 알 수 있었다.

　"나는 매일 100번씩, 100일 동안 상상하고, 기록하고, 외침으로써 모든 것을 얻었다! 나는 말의 힘을 믿는다. 한번 말을 하고 나면 잊기 전까지 그 힘이 사라지지 않음을 믿는다. 그리고 그 말에 힘을 부여하기 위해 그에 알

맞은 이미지를 만들어 포스터로 제작하여 걸어놓거나 글로 써놓고 매일 보고 또 보고, 중얼거리고, 생각한다. 내게 정말 간절한 목표들이 생기면 나는 매일 100번씩, 100일 동안 상상하고, 쓰고, 외친다. 나는 늘 그렇게 해서 내가 가진 모든 것을 다 이루어왔다."

저자 초청 특강일 아침 06시 30분부터 수많은 사람이 전국에서 찾아와 장사진을 이루었고, 접수를 위한 줄은 옆 건물을 향해서 쭉 늘어져 있었다.

무대에 저자를 위한 한 줄기 빛을 제외하고 어두워진 공간에 700명의 사람들은 저자를 향해 엄청나게 눈부신 눈빛을 발산하고 있었고, 저자가 하는 말을 하나도 놓칠 수 없기에 메모에 녹음까지 하면서 빠져들었다. 저자가 살아온 인생의 경험을 이야기하는 모습은 말투 하나 몸짓 하나까지 멋있었다.

'성공한 사람의 모습이란 이런 것일까?'

출처 : 『생각의 비밀』 김승호 저자

시간의 법칙을 무시한 것처럼 순식간에 특강은 한순간에 끝나고 말았고, 수많은 사람이 저자와 함께하길 원하면서 서명을 받고자 끝없이 줄을 섰다. 저자는 참석자를 위해 한 명 한 명의 성함을 전부 적으면서 성의에 화답했고, 서명을 받기 위한 긴 시간은 아무렇지 않은 듯 기다리는 사람들의 모습에 감탄이 나왔다.

'나도 저자처럼 될 수 있을까?'

특강이 끝난 후 가슴속에 여운이 남았는지 계속 생각이 났다. 그리고 '나도 저자처럼 될 수 있을까?', '나도 저자처럼 할 수 있을까?'라는 생각과 함께 『시크릿』이 생각났다. 그때 책을 읽고 적용했던 스크릿 비전 보드판을 다시 보며 진정으로 원하는 것이 무엇인지 다시 찾기로 했다.

가족 여행, 사회복지사, 맞춤 정장, 고급 볼펜, 도서 출판, 스타 강사, 경영학사, 경제적 자유, 사회적 기업가, 한옥주택, 모교 기부, 가족 봉사, 해외긴급구호, 무한 가문….

진정으로 원하는 것이 무엇인지 생각하고 고민한 끝에 경제적 자유를 위한 사회적 기업가가 되는 것이 원하고 원했던 꿈이라는 것을 알게 되었고, 사업을 목표로 1억 벌기를 썼다.

'나도 100일 100번 쓰기 도전이다!'

매일 새벽 4시 44분에 일어나 독서하기 전에 100번 쓰기를 하며 하루를 시작했다.

'기업가 1억, 기업가 1

억, 기업가 1억, 기업가 1억, 기업가 1억, 기업가 1억, 기업가 1억, 기업가 1
억, 기업가 1억, 기업가 1억, 기업가 1억, 기업가 1억, 기업가 1억, 기업가 1
억, 기업가 1억, 기업가 1억, 기업가 1억, 기업가 1억, 기업가 1억, 기업가 1
억, 기업가 1억, 기업가 1억, 기업가 1억, 기업가 1억, 기업가 1억, 기업가 1
억, 기업가 1억, 기업가 1억, 기업가 1억, 기업가 1억 X 100번'

100번 쓰기를 할 때마다 떠오르는 생각, 아이디어, 행동, 사람, 장소, 책 등을 적으면서 원하는 꿈에 더 다가서기 위해 실행력을 가속화했고, 1일, 7일, 30일, 60일, 90일의 시간이 흐르면서 막막한 꿈은, 점점 막연한 글로 변했고, 점점 막대한 이미지가 그려졌다.

그렇게 99일의 시간이 흘렀지만, 처음과 같이 아무런 변화가 일어나지 않았다.

'왜? 100일 쓰기를 했는데 이루어지지 않았을까? 100일 동안 간절하게 원했는데….'

꿈을 이루기 위해 기업가가 되려면 직장인이 아닌 창업을 해야 한다는 것을 깨달았고, 이제는 기업가로 거듭나기 위한 결심이 필요했다. 100일 동안 간절히 원했던 만큼 포기할 수 없었기에 입사 150일 만에 또다시 퇴사를 결심했고 또다시 말했다.

"저, 퇴사하겠습니다."

'이번에도 어떻게 아내에게 말해야 할까? 나보고 미쳤다고 하겠지?'

□ 액션맨처럼 행동하기

『생각의 비밀』의 100일 100번 쓰기 일단 해봐!

액션1. 목표를 매일 100번씩, 100일 동안 상상하고, 쓰고, 외치기

목표가 점점 현실이 되어가는 것을 눈으로 직접 보게 될 거야!

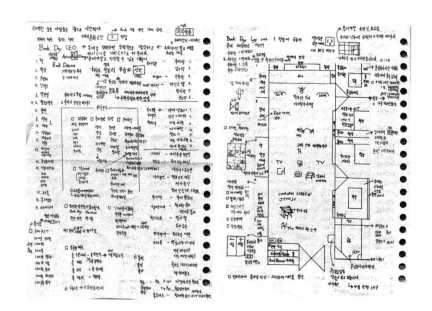

『나를 믿어주는 한 사람의 힘』에서 말하는 "꿈을 이룬 사람 곁에는 한 사람이 있습니다. 내 삶에 공감해준, 지금의 나를 있게 해준, 한 사람…, 당신에게도 그 한 사람이 있습니다."처럼 대기업에서 퇴사할 때 아내는 날 믿어주었고, 스카우트로 이직한 회사에서 또 퇴사를 하겠다는 날 끝까지 믿어주었다.

'이제부터 사회적 기업가의 꿈을 향해 출발이다!'
'성공하기 위해서 7번은 실패해야겠지?'

100일 100번 쓰기의 목표인 '기업가로 1억을 벌기' 위해 『우리 까페나 할까?』 책을 읽고, 냉난방기 설치, 테이블의 공간 배치, 심플한 메뉴판, 쇼 케이스, 5색 빛깔 블라인드, 책장 설치, 아날로그 감성의 LP 음악, 블로그 홍보, 사업자 등록 등을 직접 공사부터 준비하여 68일 만에 1,500만 원 정도의 초기 투자금으로 무한가족 북카페를 창업하였다.

무한가족 북카페는 인생에 소중한 5가지 가족/관계, 건강, 경제, 성장, 신앙/봉사의 주제로 요일마다 독서모임을 진행하고, 주제별 저자 특강과 함께 1대1 독서 코칭을 받을 수 있도록 하였다. 그리고 남다른 가치를 전달하고자 1년 회원제, 24시간 오픈, 음료 무료, 도서 및 장소 대여, 무인 북카페로 자유롭게 출입이 가능하도록 열쇠까지 지급했고, 가입 시 핵심독서 50권 요약본과 북바인더, 5색 볼펜, 5색 인덱스 등을 선물하여 지속적으로 참여할 수 있도록 했다.

창업 4일, 기존부터 튼튼하게 독서를 해왔던 모임에서, 기독교인의 또다른 신앙공부로 매주 토요일마다 카페에 모여 신앙독서 모임을 시작하기로 했고, 『공부는 예배다』와 같이 독서는 예배가 되었다. 독서모임에서 함께 읽은 것을 서로 나누면서 믿음의 태도를 배우고, 즐겁게 찬양하고 기도하며, 성숙한 신앙인의 모습을 갖추어 나갔다.

창업 55일, 『7일 만에 끝내는 돈 공부』의 저자를 초청하여 특강을 추진하였다. 지역 주민을 초대해 돈의 지식을 연결하고, 경제의 지혜를 키워나갈 수 있는 기회를 마련하였는데, 무엇보다 많은 참석자로 인하여 카페의 공간이 부족해 바닥에 앉아 진행될 만큼 카페 운영은 성공적이었다.

창업 112일, 서울특별시 종합식생활지원센터에서 독서경영 강의를 제안을 받았다. 강의가 있던 날, 병원에 입원하여 독감 주사를 맞은 상태에서도 신뢰를 지키기 위해 참석하였고, 이후 음식독서단의 명칭과 함께 밥상을 매개로 건강을 위한 식탁 품격 프로그램 기획에 참여하게 되었다.

창업 302일, 달아(달콤한 아이)가 태아부터 시작해 성장 과정을 정리한 아빠의 육아 노트와 육아 전문가를 향한 50권 책을 읽고 적용한 것을 『이젠, 책쓰기다』처럼 실행에 옮겨, 『달려라 아빠육아』로 도서출판사와 출판권 및 전송권 설정 계약서에 서명을 했다.

　창업 329일, 남자와 여자가 어울려 한 길을 같이 걸어간다(화성시 남녀울1길)는 의미에서 11월 16일(결혼기념일)에 첫 오픈한 무한가족 북카페는 단 한 권의 책 때문에, 329일 만에 국세청 국세통계에 나오는 자영업자 폐업률처럼 문을 걸어 잠그고 말았다.

　'나도 『부의 추월차선』을 탈 수 있을까?'

3.

음식문맹자,
음식독서단을 만나다

무한가족 북카페 창업 112일, 서울특별시 종합식생활지원센터에서 독서 경영 강의를 제안을 받았다. 강의가 있던 날, 병원에 입원하여 독감 주사를 맞은 상태에서도 신뢰를 지키기 위해 참석하였고, 이후 음식독서단의 명칭과 함께 밥상을 매개로 건강을 위한 식탁 품격 프로그램 기획에 참여하게 되었다. '이제 음식독서단의 맛 독서가로 활동해볼까!'

음식독서단은 맛 독서가와 맛 철학가가 먹거리, 식생활 관련 도서를 읽는 방법을 알려주고, 관련 주제의 다양한 책을 소개하는 프로그램으로 서울특별시 종합식생활지원센터에서 시민을 대상으로 '식탁의 품격을 찾아라!'를 외치며 프로그램을 시작했다.

시민을 대상으로 하는 만큼 적용의 범위가 크다는 생각에 철저하게 준비하였고, 음식독서단의 특별한 진행 레시피를 만들어 추진하였다. 총 10찬으로 준비된 음식독서단의 밥상은 하나하나 의미를 담아 제대로 된 맛을 느낄 수 있도록 준비를 하였고, 진행이 될수록 감칠맛이 더해졌다.

□ **음식시민의 맛독서 레시피**

0. 음식독서단 : 음식 도서 안내, 맛독서가/맛철학가 소개하기

1. 오감 풀기 : 뇌와 손 운동, 얼굴요가, 도가 양생술 따라 하기

2. 음식 쓰기 : 1주일 섭취한 음식 점검하기

3. 도서 읽기 : 맛독서(퀴즈, 토론) & 맛활동하기

4. 단어 찾기 : ○○음식, ○○푸드, ○○맛 찾기

5. 관계 알기 : 참가자 소개 및 먹거리 알기

6. 인생 듣기 : 맛과 추억의 이야기 (사라지는 맛 vs 살아 있는 맛)

7. 비교 보기 : 음식문맹 vs 음식시민 비교하기

8. 기도하기 : 살찐 남자의 기도, 똥 누며 드리는 기도하기

9. 박수 치기 : 음식 시민 남을 돕자. 외치면 박수하기

10. 선물 주기 : 씨앗도서 선물 주기

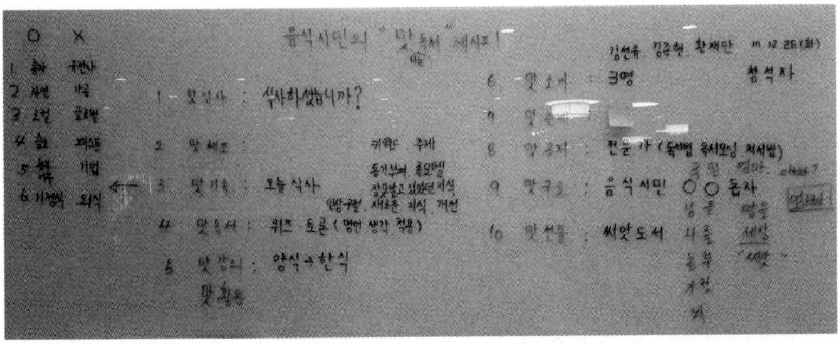

음식독서단은 음식과 관련된 맛있는 독서와 활동으로 오감을 자극했다.

○ 미각력

△ 맛독서 : 정상적인 미각은? 어떤 맛이 유행할까?

□ 맛활동 : 식생활과 맛 설문조사하기

○ 추억의 절반은 맛이다

△ 맛독서 : 사라지는 맛은? 살아 있는 맛은? 살맛 나는 맛은?

□ 맛활동 : 추억의 맛 지도 그리기, 추억의 맛&사람(관계) 찾기

○ 맛있는 베트남

△ 맛독서 : 국민의 영혼이 담긴 나라별 음식은?

□ 맛활동 : 낯선 음식의 경험 공유하기

○ 소금중독

△ 맛독서 : 각 나라별 나트륨 섭취 줄이기 정책은?

□ 맛활동 : 나만의 소금 만들기

○ 설탕중독

△ 맛독서 : 나도 설탕중독일까?

□ 맛활동 : 설탕중독 자가진단 체크리스트 평가하기, 시판 음료의 당 함
량 알아보기

○ 우리 식탁위의 수산물, 안전합니까?

△ 맛독서 : 수산물을 건강하게 먹는 방법은?

□ 맛활동 : 멸치 해부하기

○ 바다맛 기행 1

△ 맛독서 : 자연이 만들어낸 바닷 속의 먹거리는?

□ 맛활동 : 바다의 추억 그리기, 바다의 기억 마인드맵 그리기

○ 세상을 담은 밥 한 그릇

△ 맛독서 : 밥과 나와의 관계는?

□ 맛활동 : 지금 먹는 메뉴의 뿌리 거슬러 올라가보기

○ 종자, 세계를 지배하다

△ 맛독서 : 토종 씨앗을 지켜야 하는 이유는?

▢ 맛활동 : 씨앗 그림 그리기, 씨앗 그림 맞추기, 토종 종자 찾기

○ 음식문맹자, 음식시민을 만나다

△ 맛독서 : 음식문맹자와 음식시민의 차이점은?

▢ 맛활동 : 음식시민 1주일간 음식 점검하기, 맛 일지 쓰기

○ 외식의 품격

△ 맛독서 : 지금 우리의 식사는 즐거운가?

▢ 맛활동 : 착한 식당 찾기, 착한 먹거리 구하기

▢ 액션맨처럼 행동하기

음식독서단의 책을 읽고, 맛활동을 일단 해봐!

책을 읽고 삶에서 감칠맛 나는 활동이 무엇인지 알게 될 거야!

추억의 맛지도

나에게는 책이 있습니다

음식남녀 음식독서단
낯선 음식을 만나다

이름:

메뉴명

언제, 어디서 경험했는가	첫인상은 어땠나?
메인 재료가 무엇인가?	어떤 양념인가?
어떤 조리법을 사용했나?	모양은 어땠는가?
향은 어땠는가?	맛은 어땠는가?
경험 후의 느낌은?	다시 먹고 싶은가?
누구에게 추천하고 싶은가?	

출처 : 서울특별시 식생활종합지원센터 음식독서단 액티비티

나만의 소금 만들기

by. 음식독서단

소금 1큰술에 원하는 향신료를 조금씩 섞어보세요.

				소금
백후춧가루	계핏가루	케이앤페퍼	커리분말	
바질가루	강황가루	멸치가루	새우가루	

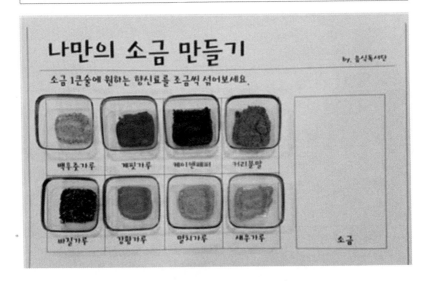

나에게는 책이 있습니다

나는 설탕 중독일까?

자가진단 체크리스트

☐ 하루라도 초콜릿, 과자, 빵, 1회용 커피 등 단 음식을
먹지 않으면 집중이 잘 안 된다.

☐ 항상 다이어트를 하지만 살이 잘 안 빠지고, 빠져도
다시 원 상태로 회복된다.

☐ 스트레스를 받으면 단 음식을 먹어야 풀린다.

☐ 예전과 비슷한 수준으로 단 것을 먹고 있는데도
만족스럽지 않다.

☐ 버릇처럼 단 것을 찾고나, 배가 불러도 단 음식은
꼭 더 먹는다.

☐ 빵이나 국수 종류, 떡, 과자 등을 배부를 때까지
먹는 경향이 있다.

☐ 자신이 느끼기에도 단 음식을 지나치게 먹는다는
생각이 든다.

★ 3개 이상이면 설탕 중독일 가능성이 높음

출처 : 서울특별시 식생활종합지원센터 음식독서단 액티비티

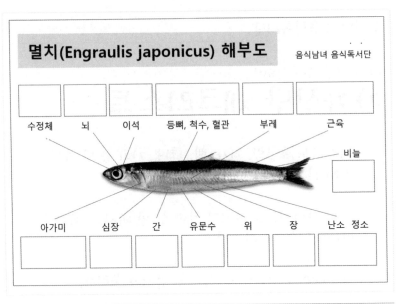

멸치(Engraulis japonicus) 해부도   음식남녀 음식독서단

수정체   뇌   이석   등뼈, 척수, 혈관   부레   근육

비늘

아가미   심장   간   유문수   위   장   난소 정소

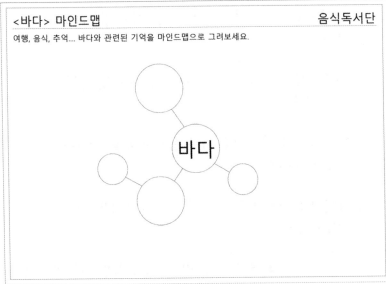

<바다> 마인드맵   음식독서단

여행, 음식, 추억.... 바다와 관련된 기억을 마인드맵으로 그려보세요.

바다

출처 : 서울특별시 식생활종합지원센터 음식독서단 액티비티

음식독서단이 1회에서 11회로 진행될수록 참석한 시민들은 점점 음식을 대하는 신선한 생각이 생겨났다.

패스트 푸드에서 슬로우 푸드로,
글로벌 푸드에서 로컬 푸드로,
다국적 기업에서 농민으로,
유전자 조직에서 토종 종자로,
외식에서 집밥으로,
가공식품에서 자연식품으로,

식생활에서 식생태학으로 점점 지식이 전환되면서 음식문맹자에서 음식시민으로 거듭났다.

음식독서단 프로그램을 참여한 시민은 '식생활 사람책'으로 등록되어 지역 사회에서 음식독서단을 운영할 수 리더들이 되었고, 『리딩으로 리드하라』처럼 음식문맹자를 음식시민으로 이끌었다.

음식독서단의 영향을 받아 서울시 성동구, 중랑구 등 보건소로 프로그램이 확산되어 나아갔고, 독서의 적용이 (1)자신과 (2)가족 그리고 (3)지인과 (4)단체를 넘어 (5)지역 (6)사회의 영향을 줄 수 있다는 것을 깨달았고, (7)국가와 (8)다른 나라, (9)세계로 나아가 사람을 구하는 선한 영향력이 되었으면 하는 마음이 생겨났다.

'독서로 사람에게 선한 영향력을 줄 수 있구나!'

'오예~'

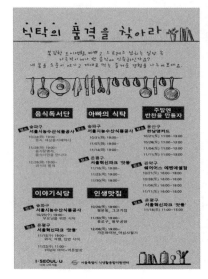

4.

아빠의 공부는
책 속에 있다

'무한가족 북카페에서 이제 마음껏 책을 읽는 거야!'

"세 살 적 버릇 여든까지 간다." 말처럼 아내는 자녀를 사랑으로 키우고 육아에 전념하기 위해 달아(달콤한 아이)가 태어난 417일째 대기업에서 부부동반으로 퇴사해서 혼자 독박 육아를 했다.

지금까지 소홀했던 아빠의 역할을 제대로 해야겠다는 생각이 들었다. 그래서 육아에 대한 관심이 생겼고, 육아도 모르는 상태에서 육아에 도움을 줄 수 없기에 책을 찾아 공부하기 시작했다.

'어떤 육아 책을 읽어야 할까?'

'육아의 한 단어를 일단 검색해보자!' 수많은 책이 검색되었다. 『0세 육아』, 『0세 교육의 비밀』, 『칼비테의 자녀교육법』, 『밥상머리의 작은 기적』, 『아버지의 성 父性』, 『몰입독서』, 『글로벌 아이』, 『프랑스 엄마 수업』, 『유대인 엄마의 힘』, 『내 아이를 위한 감정코칭』, 『유대인 하브루타 경제교육』, 『신앙 명문가의 자녀교육』…. 책 속에서 중요한 것이 무엇인지 어떻게 알수 있을까?

책 제목과 저자 그리고 목차를 활용해 육아의 전문성과 중복되지 않는 내용 그리고 새로운 지식을 담고 있는 것을 찾아서 분류했고, 50권의 책을 선별해 육아 전문가를 향한 책을 읽기 시작했다.

하루에 한 권, 한 권의 책을 읽을 때마다 신호등의 빨간색이 들어온 것처럼 육아에 적용할 지식이 정말 많았다.

'부모로서 해야 할 공부가 많구나!'

책 속에서 양육과 교육에 필요한 보물 같은 지식을 발견하였고, 365개의 적용할 것을 모아 365일 보석처럼 빛나게 했다.

'1년 동안 1일에 한 개씩 실천해볼까!'

『칼 비테의 자녀교육법』 책을 읽고, 일단 해봐!

액션1. 1일 1액션을 찾기

사랑하는 자녀를 위하여 노력하는 부모의 사랑이 더욱더 커질 거야!

육아 독서의 실천과 함께 자녀가 하루하루 성장하는 과정도 매일매일 기록했다.

– 덩실덩실 엄마와 아빠는 이렇게 만나서 결혼했어.

엄마와 아빠는 꽃꽂이 동호회에서 만나 떡볶이로 서로의 관심을 표현하다가 알아가게 되었고, 13년 11월 16일 라비돌 리조트 SINTEX에서 한국전통혼례식으로 결혼을 했단다. 신혼여행지는 스페인으로 다녀왔는데 사실은 널 허니문 베이비로 낳고 싶었단다.

– 또박또박 우리 집 가훈이란다.

'몸과 마음을 닦아 수양하여 집안을 안정시킨 후에 나라를 다스리고 천하를 평정한다.'라는 '수신제가치국평천하'가 우리 집의 가훈이란다.

– 주렁주렁 엄마 아빠는 살아오면서 가슴에 이런 말들을 심어놓았어.

엄마는 '당당한 사람이 되자, 말하는 대로 된다.'라는 말을 품으며 살았는데 말에는 힘이 있단다. 아빠는 '변화된 마음으로 자신을 뛰어넘어라.'라는 말을 가슴속에 항상 간직하면서, 더 나은 세상을 위하여 도전하는 삶을 살고자 하고 있단다.

– 와우야호 이제 엄마, 아빠다!

2014년 5월 23일 임신 검사기를 해보니 드디어 엄마 아빠가 된 날이야. 이 날에는 집에서 함께 사는 반려견 우리도 출산한 기쁨이 두 배인 날이란다.

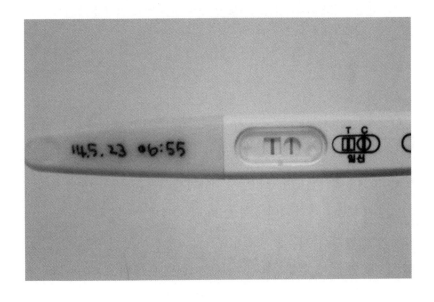

– 두근두근 태명을 지어볼까?

너의 태명은 '달아'란다. 달콤한 아기라는 뜻으로 아빠가 지어주셨어. 달아처럼 아빠와 엄마를 항상 달콤하게 해줘서 정말 고마워.

– 뭉게뭉게 태몽은?

너의 태몽은 이모께서 황금색처럼 이쁜 노랑 송아지 꿈을 꾸었단다.

– 안녕안녕 처음으로 널 만난 날

2014년 5월 26일 동탄제일산부인과에서 초음파검사로 처음으로 널 만난 날이야. 출산 예정일은 2015년 1월 23일인데 아빠의 생일 다음 날이구나.

– 꼼꼼빽빽 소중한 일상 '태교 일기'

2014년 5월 23일부터 지금까지도 엄마는 매일 태교 일기를 쓰면서 너와 이야기하고 있단다.

2014년 8월 18일 월요일 엄마의 태교 일기

달아 잘 있었어? 여름 휴가차 할아버지, 할머니와 함께 호텔에서 1박 쉬고 뭐 하고 하다 보니 달아 보고 온 지 벌써 4일이 지났어. 10일 후엔 또 달아보러 가는 데 그땐 달아가 딸인지 아들인지 보여주려나? 저번에 보여주기 싫은지 탯줄을 다리 사이에 꼭 끼워넣고 있던데 우리 달아가 어느덧 17주차 태아라니 궁금해하는 이모, 삼촌들이 많아요. 그만큼 엄마 배도 조금씩 나오고 있지. 이젠 제법 임산부 같아 어색하기도 한데 그만큼 축복의 의미로 감사하고 있어. 어서 입덧을 안 하고 싶은데 근데 엄마가 입덧하면 아기가 건강하다고 해서 달아가 건강하면 지금 정도는 참을 수 있어. 우리 달아 건강하게 무럭무럭 자라자. 사랑해.

– 톡톡똑똑 엄마 나 여기 있어요. '만삭 사진'
만삭인 엄마의 모습을 축하하고, 기쁨으로 '달아'가 나오는 것을 기다리고 있단다.

– 뚝딱뚝딱 엄마와 아빠가 널 위해 준비했어. '출산 준비물'
2015년 1월 3일 출산 준비물 1,526,400원치 구매를 했단다. 아빠는 네가 성인이 되면 청구하고 싶은 마음에 구매한 목록과 영수증을 가지고 있는데 너 또한 아빠처럼 한다면 안 받을 생각이란다.

– 응애응애 세상 밖에 나온 첫 순간
2015년 1월 24일 14시 18분에 3.38kg, 53cm로 드디어 세상 밖으로 나와 아빠가 처음으로 찍은 사진이란다. 너의 모습을 보고 아빠는 말할 수 없을 만큼 행복감에 눈물을 흘렸단다.

– 짝짝짝짝 지금부터 이렇게 부를 거야. '아이 이름'
하해자 할머니께서 유명한 작명소에서 지어오셨단다. 이제 달아가 아닌 진정한 이름을 가지게 된 것을 축하해. 아빠는 인생의 가치라고 생각하는 '佑' 도울 우를 정말 좋아한단다.

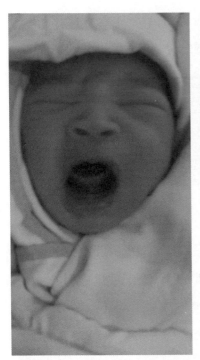

출처 : 단무지 독서포럼

- 두근두근 첫 순간들 기록하기

123일 첫 장거리 여행 (단무지MT에서 최연소 참가자로 상으로 책도 받았어), 125일 왼쪽 쌍꺼풀 생김, 126일 첫 건강검진, 127일 이유식 시작, 134일 배밀이, 139일 왼쪽 아랫니 나옴, 175일 엄마라고 부름, 184일 잡고 혼자 일어남, 192일 짝짜꿍 박수, 201일 1초 동안 서 있기, 235일 땅 짚고 혼자 일어남, 239일 한걸음 내딛음, 267일 첫 사회생활 문화센터, 305일 도리도리 끄덕끄덕, 324일 코를 가리킬 줄 앎, 328일 사랑해 손동작, 340일 계단 올라갔다 내려오는 거 혼자 함, 348일 까치발 사용, 353일 미용실에서 첫 미용

- 무럭무럭 하루하루

아빠는 하루에 널 위하여 해야 할 일을 정했고, 엄마는 모유, 분유, 대변 등 성장을 매일같이 기록하였단다. 하루하루 너의 성장을 보면서 얼마나 기쁜지 모른단다.

매일 기록한 육아는 한 권의 책이 되어 '감사해요. 사랑해요. 함께해요. 성장해요.' 4가지로 분류한 60가지 육아 양식지가 만들어졌고, '아낌없이 주는 사랑'이라는 아빠의 육아 노트가 완성되었다.

'자녀의 인생에 남겨줄 수 있는 최고의 유산은 무엇일까?'
'부모의 사랑이자, 사랑이 담긴 기록이 아닐까!'

아낌없이 주는 사랑

아이의 인생에 남길 수 있는
최고의 유산

무한가족 (최무정, 이한나)

육아 독서의 실천과 아빠의 육아 노트를 가지고, 무한가족 북카페에서 하루 종일 노트북 앞에 앉아 책 쓰기를 시작했고, 1개월 만에 원고 162장을 완성하여 출판사에 투고했다.

'언제부터 집중력이 생겼을까?'

독서로 인해 『몰입의 즐거움』이 생긴 것일까? 이제는 책 읽기의 몰입이 책 쓰기에도 많은 도움이 되었다.

책 쓰기를 시작하면서 지금까지 읽은 내용인 양육, 교육, 가족, 관계, 언어별 분야에 필요한 지식을 정리하기 시작했고, 부모의 길을 안내하는 '여덟 단어'인 사랑, 믿음, 존중, 책임, 규칙, 반응, 격려, 칭찬으로 자녀를 대하는 관점까지 생기기 시작했다.

그리고 무엇보다 육아 독서를 통해 발견한 365개의 적용할 것은 각각 금도끼 오감놀이, 별주부 독서놀이, 나무꾼 자연놀이, 흥부네 경제놀이, 호랑이 운동놀이, 우렁이 요리놀이, 홍길동 세계놀이로 아빠의 육아 놀이로 완성시켰다.

몰입 육아로 시작한 제목은 어느새 육아를 위해 열심히 노력하는 아빠의 달리는 모습을 그려 『달려라 아빠 육아』로 선정되었고, 도서출판사 첫 방문과 함께 한 번에 출판권 및 전송권 설정 계약서에 서명을 하였다.

출판권 및 전송권 설정 계약서

계약서 차례 1. 저작물의 사양 2. 출판권 설정 부분 3. 전송권 설정 부분 4. 출판권 전송권 공통 부분

도서명	몰입육아(가제)

위 저작물을 책으로 출판하고 전송함에 있어 저작권자가 甲이라 하고 출판권자 및 전송권자를 乙이라 하여 양자 간에 다음과 같이 계약한다.

2017 년 09월 13일

甲 [저작권자]

저작자 이름	최무정
연락처	자택/직장	
	휴대전화	010-9605-7007
주민등록번호	
주소1(주민등록상)	
주소2(우편물수령처)	
은행명/계좌번호	

첨부(주민등록증이나 운전면허증을 복사하여 첨부하세요. 세무서리용됨)

乙 [출판권자 및 전송권자]

성 명	김태영
주 소	
명 칭	
연 락 처	

1. 저작물의 사양(가안)

편형	신국판(변형)	면수	·
색가		인쇄도수	·
일러스트	·	사진	·
초판부수	·	부록	—

하지만 탈고의 시간이 흘러갈수록, 『백만장자 메신저』처럼 진솔한 인생의 경험이 담긴 것이 아닌 독서의 지식을 잘 정립한 것일 뿐, 1,000일 동안의 경험으로 책 출판을 하는 것은 아직 이른 것 같다고 생각했다.

자녀와 함께했던 소중한 인생의 순간을 한 페이지 한 페이지에 담아 장을 담그는 것처럼 푹 익혀서 다시 꺼내 이야기해주고 싶었다. 수많은 인생의 경험을 기록한 아빠의 일상을 전하는 인생 전달자처럼….

5.

나도 앱 비즈니스로
백만장자가 되고 싶다

『부의 추월차선』을 나도 탈 수 있을까?'

북카페 폐업 후 생각에 잠겼다.

'한 권의 책을 읽었을 뿐인데….'
'책의 영향은 삶의 모든 것을 변화시킬 만큼 큰 것일까?'
'책에서 300권, 1,000권, 1만 권 책 읽기를 통해서 독서의 임계점을 돌파
해야 한다고 보았는데, 이제는 한 권의 책만으로 인생의 전환점을 만들 수
있다니 신기하네.'

생각과 고민에 잠겨 있던 그때, 깨달았다.

'한 권의 책을 삶이라 생각하고, 저자처럼 되고픈 것이 아닐까!'
'그래, 맞아! 나도 저자처럼 될 수 있어.'

저자와 같은 삶을 살기 위해 책을 처음부터 끝까지 제대로 읽기 시작했다. 더 정확하게 표현하면, 책을 생선처럼 회를 뜨듯 한 장, 한 줄의 의미를 자세하게 파헤쳐 접시에 담든 저자의 생각과 행동 그리고 경험을 담았다.

⊙『부의 추월차선』의 저자는 타고난 재능 없이 젊은 부자가 된 사람을 연구했고, 31세 백만장자, 33세 수백만장자, 37세 은퇴를 선언하며 부의 추월차선인 인도(가난), 서행(평범), 추월(부자) 개념을 설명했다.

☆ 추월차선을 탄 부자는 시스템 설계를 위해 부채를 유용하며, 시간은 돈보다 더 중요한 자산이며, 교육으로 지식과 의식을 계속 확장하며, 주요 수입원으로 사업 시스템에 투자하며, 부는 수 이익 더하기 자산의 가치이며, 인생은 내가 만들어간다는 책임감과 통제력이 있으며, 꿈을 실현하기 위해 돈이 필요하다는 삶에 대한 인식과 부를 늘리는 전략 등 남들과 다른 생각을 가지고 있다는 것을 알았다. 그리고 부자가 되는 길을 책 속에서 찾아 생선회의 한 점 한 점의 살처럼 잘 발라냈다.

♡ 부자가 되는 길

- 24p 부자의 직업 '발명가' → 시스템, 플랫폼

- 30p 시간을 허투루 쓰지 않기, 부자의 모든 것을 읽고 또 읽기

- 32p 정보의뢰 → 정보제공 '돈으로 바꾸기'

- 35p 고객의 소리에 귀 기울여라. '비즈니스'

- 35p 돈이 열리는 나무의 탄생 '자산 만들기'

- 41p 부자를 만드는 것은 신중하게 설계한 과정이다.

- 45p 부자가 되기 위한 대가를 치를 준비를 해야 한다.

- 50p 부의 가치관 인도(가난), 서행차선(평범), 추월차선(부자)

- 61p 돈 관리법을 모르면 가난 위의 삶을 벗어날 수 없다.

- 64p 진정한 부의 3요소 : 건강, 가족, 자유

- 64p 건강을 잃는 것은 부를 잃는 것, 건강은 돈을 주고 살 수 없다.

- 66p 추월차선의 우회로? 대출 금지

- 70p 돈을 올바르게 사용할 때 자유를 가져다준다.

- 74p 부를 가로막는 것은? 소비 행위

- 81p 스스로 재무적 결정 내리기, 남 의존하지 않기

- 97p 들이는 시간에 비해 더 나은 결과를 가져다주는 시스템 찾기

- 100p 부의 자유를 빠르게 얻고 싶다면 당장 직업을 버려라.

- 100p 직업을 중심으로 재무계획을 세우면 안 된다.

부자가 되는 길을 선언했다.

'이제부터 부를 향한 여행의 시작이다!'

△ 하지만 부의 추월차선 개념만 알고 있을 뿐….

실질적인 사업이나 무엇을 어떻게 시작해야 할지 생각에 잠겼다.

'어떻게 부의 추월차선을 찾지?'

언제부터인가 고민이 생길 때마다 벌이 꽃을 찾듯 책을 따라 도서관으로 향했고, 지식의 향기가 가득한 책장 앞에서 고민을 털어놓으면 어김없이 손을 내밀어 말을 걸었다.

'오늘은 어떤 책을 줄까? 이 책이 필요하니? 아니면 이 책이니?'

금도끼, 은도끼처럼 책은 뿅 하고 나타났다.

'여기에 있다!'

『나는 앱으로 백만장가가 되었다』

'오예~, 이제 시작할 수 있겠어.'

한 권의 책을 삶에 바로 실천할 수 있는 산신령의 힘이 생긴 것일까? 앱 개발 시작한 지 11일 만에 개발비 45만 원을 투자하여 국민생활 독서인증 '책 훈장' 앱을 출시하여 앱 비즈니스에 도전장을 내밀었다. '나도 앱 비즈니스 기업가다.'

책가도, 책나눔, 책모임, 책거리의 4가지 분류로 이루어진 책 훈장 앱은 읽은 책을 보관할 수 있는 책장을 선물하고, 25권, 50권, 100권, 365권, 1,000권을 읽을 때마다 지식인으로 독서인증과 함께 훈장을 수여하였다. 그리고 지혜로운 세상을 위하여 독서의 지식을 다른 사람들과 나누고 함께 독서 할 수 있는 모임의 창까지 개설하였다.

책이 있는 곳이면 어디든지 찾아가 책 훈장을 알리고 싶었다. 그래서 '대한민국 지식인을 찾습니다.' 전단지 1,000장 인쇄했다. '이제 전국 2,458개의 도서관을 찾아가 홍보해볼까!' 일단 전략적으로 먼 거리는 도서관의 홈페이지에 가입해 안내문을 공지하고, 가까운 거리는 전단지를 배포했다.

하루, 이틀 그리고 1명이 가입하고….

10일, 20일 그리고 1명이 그대로 유지되었다.
'왜? 사람들이 앱 등록을 하지 않지?'

앱 사용자의 네트워크 형성이 되지 않은 상태에서 비즈니스가 진행될 수는 없었고, 무엇보다 세상이 필요로 하는 일보다 스스로 원해서 하는 일이었기에 결국 1년 만에 책 훈장 앱은 Play 스토어에서 더 이상 볼 수 없었다.

'또 실패한 거야???'

□ 액션맨처럼 행동하기

『부의 추월차선』 책을 읽고 정리한 것처럼 일단 해봐!

액션1. 한 장, 한 줄의 의미를 자세하게 파헤쳐 행동할 것을 찾기

부자가 되는 길을 안내하는 표지판이 될 거야!

6.

인생에서 꼭 배워야 할
인생수업을 받다

북카페는 폐업하고, 음식독서단도 끝나고, 책 훈장 앱은 폐지가 되어 앞으로 무엇을 해야 할지 막막했다. 진한 에스프레소와 같은 인생의 쓴맛을 맛본 것만 같았다.

"젊어서 고생은 사서도 한다."라는 말처럼 고생한다고 생각하지는 않았지만, 인생에 있어 더 많은 것을 배울 필요성이 있다고 느꼈다.

『인생수업』에서 "살고(Live) 사랑하고(Love) 웃으라(Laugh). 그리고 배우라(Learn). 이것이 우리가 이곳에 존재하는 이유다. 삶은 하나의 모험이거나, 그렇지 않으면 아무것도 아니다. 지금 이 순간, 가슴 뛰는 삶을 살지 않으면 안 된다."라고 말했는데…, 언제나 책 속의 명언이 나의 마음을 위해 주었다.

'그래, 삶은 하나의 모험이야! 다시 처음부터 시작해보는 거야.'

다시 힘을 내기로 했다.

이번에는 자신이 원하는 일이 아닌 사회가 필요로 하는 일이 무엇인지 생각하고 고민했다. '앞으로 다가올 사회 문제는 무엇일까?' 지금까지 읽었던 책이 머릿속에 하나씩 떠오르시면서 저출산에 의한 『2018 인구 절벽이 온다』와, 고령화에 따른 『노후파산』이 사회문제라는 생각이 들었고, 어떻게 하면 해결할 수 있을지 고민이 생겼다.

'인생에서 꼭 배워야 할 것들이 있고, 정말 중요한 것이 무언인가를 깨달을 필요가 있는데….'

책을 따라 공부한 결과, 노인 장기요양 문제가 개인이나 가계의 부담을 넘어 사회적 국가적 책임으로 강조된 장기요양보험제도에 관해 제대로 알고 싶었다.

봉사 활동을 하면서 취득한 요양보호사 자격증이 있었기에 노인요양시설로 찾아갔고, 이참에 인생수업을 제대로 받고 싶었다.

"안녕하세요. 요양보호사 입사 지원하고자 찾아왔습니다."

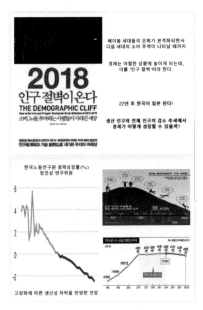

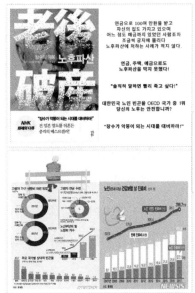

"반갑습니다. 요양보호사입니다."

노인요양시설의 첫 출근하는 날, 첫인사와 함께 모든 사람이 신기한 눈으로 쳐다보았다.

30대 중반의 남자, 그것도 노인장기요양보험의 관계자처럼 보였다. 사실 부모님 연세의 요양보호사가 할머니, 할아버지를 케어하는데, 젊은 사람이 들어왔으니 신기할 수밖에 없었다.

요양보호사 근무는 주주야야휴휴가 아닌 24시간 근무 후 2일 휴무인 풍당당으로 하루 종일 어르신과 함께 생활하였다. 노인요양시설에 계신 어르신은 치매와 중풍 등 일상생활이 어려운 상태로 많은 관심과 손길이 필요했다.

편마비로 손이 불편하신 어르신은 매일같이 1,000번 이상 숟가락질을 하여 식사를 떠먹여드렸고, 알츠하이머병으로 보행 장애가 있는 어르신은 거동이 힘든 상태로 침대에서 휠체어까지 이동하는 데 100번의 기다림이 필요할 정도였다.

'인생에서 제일 느린 곳이 아닐까?'

당뇨가 있는 어르신의 아침 공복 혈당과 식사 후 혈당을 체크하여 저혈당 쇼크가 오지 않도록 매일 손가락을 찌르며 혈당을 관리를 해드렸고, 무엇보다 기저귀 케어와 함께 2시간마다 욕창을 예방하고 혈액순환을 원활하게 해드리기 위해서 와상 어르신의 체위를 변경하는 데 젊은 사람의 힘이 필요했다.

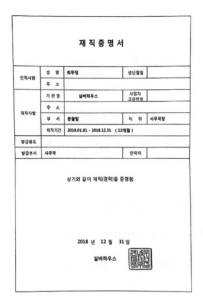

한 달이 흘러 드디어 월급날, 최저 임금으로 세후 157만 원을 받았고 아내에게 어떻게 전달해야 할지 고민이 생겼지만 그대로 전달했다.

"식구 넷이 어떻게 먹고살라고?"

아내의 말에 아무런 말을 하지 못한 채, 계속 어르신과 함께하며 인생의 소중한 경험자산을 쌓아가고 싶었다.

노인요양시설에서 요양보호사로 일하면서 어르신과 친숙해질 때 즈음 『내가 알고 있는 걸 당신도 알게 된다면』에 나오는 10가지 질문으로 인생에 대한 진솔한 이야기를 듣고 싶었다.

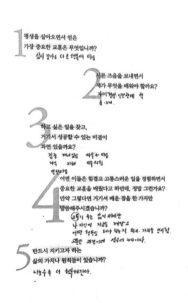

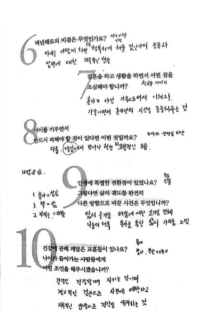

인생을 살아오면서 알게 된 멋진 순간을 이야기해줄 것이라는 부풀어 있던 기대와 달리, 어르신의 말에 뻥하고 터지는 풍선처럼 놀랐다.

"지금 제일 하고 싶은 것이 있으세요?"

당연한 것처럼 어르신은 대답했다.

"그거야, 집에 가고 싶지."

"네?"

"집이 최고야."

요양보호사의 친절한 서비스보다 어르신은 가족이 있는 편안한 집을 항상 그리워하고 있었다. 그리고 어르신이 건네는 일기는 눈물 흘리게 했다.

"매일 살기 어려워서 어떻게 살까? 어떤 방도가 없을까? 생각이 떠오르지 않는다. 옛날에는 오래 사는 것이 좋다 했는데 요즘은 누구나 오래 사는 것이 자식에게 폐가 된다. 누구나 부모를 모시려고 하지 않는다. 마지못해 모시는 사람, 모시고 싶어서 모시는 사람은 보기 드문 현상이다. 나조차 이렇게 될 줄이야."

'나도 언젠가는…'

요양보호사로 시작해 7개월째 관리인의 퇴사로 직무가 변경되었고, 시설 관리 및 차량 운전 등 필요한 일은 모두 도맡아 하면서 배운다는 생각으로 임했다. 그리고 사원에서 대리까지 승진한 경험뿐인 나에게 갑자기 1개월 만에 사무국장으로 고속 승진되었다.

'왜 사무국장을 시켰을까?'

곰곰이 생각해보니 장기요양기관 평가서 책자를 하루 만에 읽고 요약 정리하여 보고했던 것이 플러스가 되었고, 장기요양 관리시스템 도입으로 인해 전체적인 시각으로 책자의 지침을 아는 사람이 필요했다.

'책 읽는 능력이 일에 플러스알파가 되는구나!'

노인요양시설의 사무국장은 요양보호사의 입사에서 퇴사까지 어르신의 입소에서 퇴소까지 전반적인 운영을 맞아서 하며, 노인요양시설에 대한 전체적인 시각에서 볼 수 있어 좋았다.

부모님이 좋아하는 간식을 매일 챙겨와 대접해드리고 매주 찾아와 외식을 함께하는 효자 효녀의 모습과 집에서 요양이 불가하여 입소한 아내를 보기 위해 찾아오는 남편 그리고 부부가 함께 입소하여 서로 챙겨주는 모습은 닮고 싶은 인생의 모습이었다.

매일 같이 요양보호사와 어르신을 찾아가 따뜻한 커피 한잔과 따뜻한 손길로 감싸 잡으며 경청하고 공감하며 평안한 일상에 젖어들 즈음…. '젊어서 고생은 사서도 한다고 했는데…. 이렇게 편하게 지내도 괜찮을까?' 하고 질문이 생겼다. 질문에 대한 생각과 고민 끝에 더 많은 인생의 배움과 더 많은 인생의 깨달음을 얻고자 또 또 또 퇴사를 결정했다. 그리고 퇴사에 대한 이야기는 더 이상 아내에게 말을 꺼낼 수조차 없었다.

『내가 알고 있는 걸 당신도 알게 된다면』에 나오는 10가지 질문을 자신에게
일단 해봐!

1. 평생을 살아오면서 얻은 가장 중요한 교훈은 무엇입니까?

2. 서른 즈음을 보내면서 제가 무엇을 배워야 할까요?

3. 하고 싶은 일을 찾고, 거기서 성공할 수 있는 비결이 과연 있을까요?

4. 어떤 이들은 힘겹고 고통스러운 일을 경험하면서 중요한 교훈을 배웠다
   고 하던데, 정말 그런가요? 만약 그렇다면 거기서 배운 점을 한 가지만
   말씀해주시겠습니까?

5. 반드시 지키고자 하는 삶의 가치나 원칙들이 있습니까?

6. 백년해로의 비결은 무엇인가요?

7. 결혼을 하고 생활을 하면서 어떤 점을 조심해야 합니까?

8. 아이를 키우면서 반드시 피해야 할 것이 있다며 어떤 것일까요?

9. 인생에 특별한 전환점이 있었나요? 그렇다면 삶의 궤도를 완전히 다른 방
   향으로 바꾼 사건은 무엇입니까?

10. 건강에 관해 깨달은 교훈들이 있나요? 나이가 들어가는 사람들에게 어
    떤 조언을 해주시겠습니까?

현명한 인생이 무엇인지 깨닫게 될 거야!

7.

보험설계사로
노후 설계를 시작하다

매일 피 보는 당뇨 체크, 매일 돌보는 치매 예방, 매일 욕보는 틀니 세정, 매일 힘쓰는 체위 변경 등 건강할 때 건강을 챙기듯, 젊었을 때 노후를 챙겨야 한다는 생각이 들었다. 그리고 '노후파산'이 '가족의 파산'으로 이어진다는 생각과 함께 문화비가 없어 고립되고, 의료비가 없어 고통받고, 생활비가 없어 고난이 시작되는 노후에 대한 관심은 날이 갈수록 커졌다.

'노후를 어떻게 하면 현명하게 대처할 수 있을까?'

지금까지 생활했던 노인요양시설의 경험과 책은 또다시 새로운 길로 이끌었다.

'그래, 보험을 제대로 배워야겠어!'

보험을 선택한 이유는 당뇨, 치매, 치아, 연금, 암 등 노후를 준비할 대비책이 있기 때문이었다. 하지만 보험이나 보험사나 보험설계사나 아무것도 아는 것이 없었다. 하지만 이제는 모르는 것에 대한 두려움보다 아는 것에 대한 배움의 즐거움만이 남아 있었다.

'그래, 책을 찾아서 읽자!'

보험 분야의 실제 경험이 담긴 저자의 책을 찾기 시작했고, 수많은 책 속에서 몇 권을 전략적으로 읽었다. 『25살 대한민국 성공공식을 뒤집다』의 삼성생명 최연소 보험명인 성공노트는 보험을 시작하는 초심자를 위한 책이고, 『고객은 언제나 떠날 준비를 한다』의 삼성생명 그랜드챔피언 10연패 달성 노하우는 고객을 최고로 여기는 섬김의 마음으로 프로의 남다른 고객 서비스를 제공하는 방법을 제시하는 책이고, 『보험왕 토니 고든의 세일즈노트』는 하루에 4건의 상담 약속으로 저자의 원칙과 보험 영업 사이클을 제시했다.

'역시 책이야!' 그리고 책을 읽고 스스로 다짐을 해보았다.

'세일즈는 지속적인 관심과 애정으로(고객사랑) 고객의 심장을 흔들고(고객감동), 고객의 가슴에서 잊히지 않는 존개가 되자.(고객가치)'

보험과 세일즈에 대한 지식을 모아 정리했다. 처음에는 아무것도 모르는 아마추어 상태였는데, 단 3권의 책으로 프로가 된 기분이었다.

'이제, 어떤 회사에 입사하지?'

책의 저자처럼 롤 모델이 있는 업계 1위 대기업에 가고 싶었지만, 노후 준비를 위한 대비책과 새로운 문화를 접하고픈 마음에는 생명보험사보다 손해보험사가 더 맞았다. 그리고 인터넷에 검색하여 집 주변에서 제일 큰 지점을 찾아갔다. 이제 식은 죽 먹듯 입사는 술술 넘어갔다.

"안녕하십니까! 보험설계사로 입사 지원하고자 합니다."

□ 액션맨처럼 행동하기

『보험왕 토니 고든의 세일즈 노트』처럼 일단 해봐!
액션1. 하루에 4건의 상담 약속을 잡기
모든 사람의 행복이 자신의 성공처럼 느껴질 거야!

『2018 인구 절벽이 온다』와 『2019 부의 대절벽』에 의한 '노후파산'과 '가족의 파산'을 막기 위한 사명이 생긴 것일까? 처음부터 고객센터가 아닌 지점의 본부장을 찾아가 입사 면접을 보았다. 타이밍이 경쟁력이라고 딱 때마침 보험설계사 모집을 위한 경쟁이 치열했는데, 제 발로 찾아온 예쁜 신입이었다. 그리고 책에도 내용이 없었던 예상 못 했던 질문을 받았다.

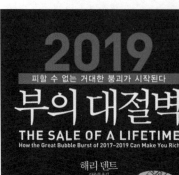

본 것
159p 우리가 2020년 초에 발생한 중요한 금융위기를 보지 못한다면 나는 이 직업을 그만두고 호주에서 리무진 운전사가 될 것이다.

9p 버블 붕괴는 일생일대의 기회이다.

129p 단언컨대 대부분의 선진국들도 일본처럼 될 것이다.

적용할 것
338p 버블이 전면적으로 터질 때를 대비해 준비해 두어야 한다.
- 현금, 높은 등급의 양도성 예금증서, 장기 국채, AAA등급의 회사채
그리고 반드시 멀리해야 한다.
-인프라 관련 주식, 정크 본드, 주식, 부동산, 금은 상품

기억할 것
122p 역사는 분명히 반복된다.
우리는 이제 과거의 실수에서 교훈을 얻어야 한다.

※ 더 궁금하신 부분은 정리 원본을 드리겠습니다.

메리츠화재 최무정 팀장 010-9605-7007

피할 수 없는 거대한 붕괴가 시작된다. < 2019 부의 대절벽, 해리 덴트 >

★ 중요한 것
☞159p 우리가 2020년 초에 발생한 중요한 금융위기를 보지 못한다면
　　나는 이 직업을 그만두고 호주에서 리무진 운전사가 될 것이다.

● 본 것
○9p 모든 주기에는 위계질서가 있다.
　모든 주기에는 계절이 있다.
　- 날씨(봄, 여름, 가을, 겨울) 인생(청년, 성년, 중년, 노년) 사업(혁신, 성장, 조정, 성숙)
　모든 주기에는 버블이 있고 이는 공짜한 버블 붕괴로 끝난다
　- 부동산의 버블의 중심일 때 최악의 버블 붕괴가 발생.
　주식과 상품 버블은 부동산 버블보다 더 가파른 경향이 있다.

○9p 버블 붕괴는 일생일대의 기회이다.
　짧은 기간은 2-3년, 때로는 10년 이상 계속된다.
　이때 주식, 부동산, 기업을 헐값으로 구매할 수 있다.
　- 버블은 항상 시작 수준으로 다시 떨어진다

○122p 완벽하게 서로 협력하여 미래를 볼 수 있게 해주는 4개의 최악 주기 (현재 모두 하강)
　1. 세대지출 주기 (39년) 2020년과 2023년 사이 경기부양책에 불구 노동력 증가는 0%
　2. 혁신 주기 (45년) 2010년 초반에 정체 단계 2032년 중반까지 계속 유지
　3. 지정학적 주기 (34~36년) 2001년 부정적인 시기로 바뀐 뒤로 끊임없이 사건
　4. 호황불황 주기 (8~13년) 저점에 이르는 시기 2019년 말이나 2020년 초

○129p 단언컨대 대부분의 선진국들도 일본처럼 될 것이다.
○285p 경제가 붕괴되면 부자들은 막대한 부와 자산을 잃게 된다.
　하지만 하위 50%에 해당하는 계층은 매우 공립해질 것이다.
　- 만약에 진짜 현실이 된다면? 어떻게 준비해야 할 것인가?

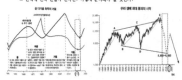

■ 적용할 것
■ 일생일대의 기회가 온다.
　당신을 보호하고 더 나아가 큰 부를 누리도록 도와주고 싶다.
☆ 2020 ~ 2022 최악 인구 추세 → 투자 레버리지
☆ 2023 ~ 2036 다음 세대 가담 → 기술 진보초점

■ 기회를 이용해 자산을 만들자.
□283p 평균적인 중국인 가구는 소득의 30%를 저축한다.
　내가 알기로 이 정도로 많이 저축하는 미국인 가정은 거의 없다.

◆ 연구할 것
◆ 베이비붐 세대 1934년 ~ 1961년 → 84세 개띠 ~ 58세 소띠
◇213p 베이비붐 세대의 권력 주기가 대략 2026년에 정점에 이르는 과정에서 정치와 사회의 변화가 가속화 될 것이다.

◆ 인생 주기, 지출 예상

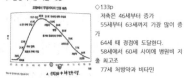

◇133p
저축은 46세부터 증가
55세부터 63세까지 가장 많이 증가
64세 때 정점에 도달한다.
58세에서 60세 사이에 병원비 지출 최고조
77세 처방약과 비타민

▲ 생각할 것
△122p 아침 일찍 일어나서 늦은 밤이 되어서야 잠자리에 드는 이유?
　나의 열정의 근원?

♥ 기억할 것
♡40p 인간은 편안한 시기에 성장하거나 발전하지 않는다.

"혹시 보험설계사도 시험이 있는데 알고 계시나요?"

"예?"

손해보험협회 모집종사자 시험에 합격해야 보험설계사로 일을 시작할 수 있었다. 그리고 시험이라는 단어에 운전면허 필기시험 7번 불합격, 한식조리사 실기시험 7번 불합격한 과거의 두려움이 찾아왔지만, 신기하게도 시험지를 보는 순간 눈앞에 정답이 툭 튀어나왔다.

'어떻게 된 일이지?'

예전에는 문제도 제대로 파악하지 못해 연필 굴리기 바빴는데, 독서의 힘인지 핵심 개념의 파악은 물론 문제 출제의 의도와 정답이 아닌 오답을 찾는 힘이 생겼다.

시험 결과 손해보험 91점, 제3보험 100점으로 당당히 합격했다.

'그래, 지금부터 시작이다!'

지금까지 읽었던 자기 계발서를 바탕으로 앞으로 하게 될 보험설계사의 일을 체계적으로 하고 싶었다. 그래서 일간, 주간, 월간 원하는 목표를 설정하고, 목표를 글로 표현하고, 우선순위를 정하고, 바인더에 '행동하는 리더의 체크리스트'를 만들고, 매일 실천하고, 반복적으로 기록하고, 매일 '피드백'할 수 있도록 했다.

그리고 '이제부터 하는 일에 목숨을 걸고 해보자!'고 다짐했다.

또다시 매일 4시 44분에 일어나 새벽 첫 전철을 타고 출근했고, 출근하는 모든 동선과 한 건물을 선정하여 1층부터 올라가면서 명함을 차마다 집마다 다 꽂았다. 하지만 집 앞에 명함을 꽂을 때마다 강아지가 짖어 살얼음판이 되었고, 지나가는 사람들이 명함을 꽂는 모습에 눈치가 보여 꽁꽁 얼어버렸다.

'마음의 장애물이 있구나!'

고민이 있을 때마다 당연한 것처럼 손에는 책이 있었다. 『돌파력』에서 "장애물이 우리를 가로막도록 내버려둘 것인가? 그것을 돌파해 전진할 것인가? 길을 가로막는 장애물이 길이 된다."라고 했고, 마음의 장애물을 정면으로 돌파하며 거침없이 나아갔다.

이번에는 베이비부머 세대들이 제일 관심이 높은 부동산을 중심으로 고
객층을 확보하고 싶어 길거리로 나갔고, 부자 부동산의 문을 열고 당당하
게 안으로 돌파해 들어갔다.

"안녕하세요. 보험설계사입니다."

부자처럼 두 발을 책상을 올려두고 팔짱을 낀 상태로 잠을 청하고 있던
실장의 잠을 깨워버렸다.

"누구세요?"
"보험설계사로 보험 상품 안내가 아닌 고객 소개를 위한 협약을 맺고자
합니다."

책에서 나오는 저자의 전략을 따라 하며, 경상도 사투리로 구수하게 말했다.

"어디서 왔는데???"

눈치가 빠른 실장님은 나이를 한 번에 파악하듯이 말했다.

"경상남도 창원이요."

갑자기 실장은 스마트폰의 다이얼을 빠르게 눌렀다.

'설마 경찰서에 신고하나?'

압도적인 카리스마에 압박을 받았지만 예상과 달리, 같은 위치에 있는 부동산에 전부 연락하면서 시원시원하게 말했다.

"지금 고향 동생이 그쪽으로 가는데 이야기 잘 들어보세요."

'와! 세상에 이런 일이!'

돌파력의 힘 때문인지 모세의 기적처럼 새로운 길이 열리는 순간이었다. 그렇게 부동산에 찾아가 당당하게 말하니 기회도 저절로 찾아왔다. 부자 부동산 소장 당뇨 보험 가입, 소장의 친구분도 자녀를 위한 어린이 보험 가입, 신한 부동산 아들 운전자 보험 가입…. 줄줄이 가입했다.

'준비와 기회가 만나면 기적이 되는구나.'

부자 부동산의 실장은 세계 최고의 판매왕 조 지라드 『최고의 하루』에서 나오는 키맨(고객을 소개해줄 사람)보다 나의 슈퍼맨이 되었다.

1개월차 보험에 대한 기초 교육을 받는 중에도 100P 달성을 했고, 2개월 차 타회사 경력자 영입과 함께 신규 입사자를 채용하여 팀장이 되었다. '행복한 성공이란 이런 것일까?' 만나는 사람의 행복이 곧 나의 성공처럼 느껴졌다. 하지만 마음 한편에 보험에 대한 해이감이 들었다. 책에서 본 것처럼 고객의 신뢰를 바탕으로 인생의 위기 순간을 함께하며, 소중한 것을 지켜드리는 것인데…. 보험을 계속할 자신이 없었고, 그것보다 평생 해야 할 일은 아니라는 생각이 들었다. 그렇게 1개월, 2개월의 실적은 점점 흔들렸고, 163일째 보험설계사라는 보험왕의 도전기는 끝나고 말았다.
'시작은 좋았는데…, 왜 이렇게 된 걸까?'

순간 '끝을 보고 시작하라'는 책 속의 명언이 자연스럽게 떠올랐다. "100세 시대는 오직 준비된 자에게만 천국입니다. 종합자산설계로 저에게 기회를 주시겠습니까!!!! 2019년 인구절벽으로 노후, 가족파산을 막고 싶습니다."라고 목숨을 걸고 해보자고 했는데…. 약속을 지키지 못해서 모든 고객과 영입한 분에게 죄송한 마음뿐이었다.

『실패에서 성공으로』 가는 길은 언제쯤일까?

□ 액션맨처럼 행동하기

조 지라드의 『최고의 하루』 일단 해봐!

액션1. 고객이 250배가 되는 지라드 250의 법칙 숙지하기 (한 사람은 한 사람이 아니다.)

액션2. 명함을 300% 활용하는 명함 마케팅 기술 익히기

작지만 강한 세일즈의 무기로 비즈니스의 성공 가능성이 높아질 거야!

8.

기업가의
300년 야망을 맛보다!

'또다시 이제 무엇을 해야 하나?'

고민하고 있을 때마다 항상 도서관을 찾았는데 이제는 읽었던 책이 계속 인생의 파노라마처럼 떠올랐다. 『THE NEXT TRILLION』에서 나오는 "다음 천만장자는 어디에서 나올까?"라는 의문과 함께 "유통이 대세이다."라는 글이 생각났다.

'미국에는 아마존, 중국에는 알리바바, 한국에는???'

항상 뉴스에 떠들썩하게 나오는 로켓배송에 관심이 생겼고, 지역 생활정보를 찾아보니 30분 거리의 가까이 위치에 회사가 있었다.

이제는 생각의 속도로 실천하는 힘이 생긴 것처럼 바로 입사 지원해 당일에 면접을 보고 일사천리로 당일에 합격했다.

이제는 입사 천재가 된 것처럼 기뻤다.

"육상 운송지원 서비스업를 담당하는 출고 파트로 출근하시면 됩니다."

회사에 관하여 아는 지식이 없이 출근을 한다는 왠지 어색했다. 그래서 관련된 책을 찾고자 알라딘의 요술램프를 문질렀다. 그런데 597쪽 『손정의 300년 왕국의 야망』 두꺼운 책이 요술램프의 지니처럼 짠하고 나타났다.

'왜? 이 책이 나왔을까?' 대부분 책이 돈을 버는 법에 관하여 소개할 때, 보이지 않는 경영자의 마음가짐까지 소개하는 경우는 드물었다. 두꺼운 책을 읽는 순간 기업가에 대한 잊어버렸던 꿈이 다시 빛나기 시작했고, 저자가 살아온 인생과 남다른 생각에 매료되어 순식간에 597페이지 책을 양탄자를 타고 날아가는 것처럼 읽어 버렸다.

'그래, 내가 원했던 것이 사회적 기업가였지!'

알라딘의 보물 상자인 책 속에는 심장을 뜨겁게 만드는 보석 같은 글로 가득했다.

"20대에 사업에 이름을 내건다.

30대에 사업 자금을 모은다.

40대에 사업에 큰 승부를 건다.

50대에 사업을 완성시킨다.

60대에 사업을 다름 세대에게 물려준다."

19세 나이에 인생 50년 계획을 세워, 인류최대 패러다임 시프트의 시대를 먼저 읽고 시대가 좇아 오기를 기다리는 저자는 '하지 않으면 죽어버릴 것 같은 일을 하라'고 외쳤고 그 말은 온몸까지 메아리치듯 울려 퍼졌다. 저자의 손은 아니지만 항상 책과 손잡고 이야기를 나누며, 매일 출퇴근을 같이 했다.

출근 첫날 회사가 있는 건물은 연면적 6만 평을 상회하는 냉장, 냉동, 상온 겸용 창고로 눈앞에 거대한 공룡이 나타난 것처럼 보였고, 공룡의 다리에 해당하는 지하 1층 6,545평에서 일했다.

물류센터 일은 입고, 출고, 허브가 있는데, 출고 파트는 다시 집품, 리배치, 리빈, 워터, 포장으로 나누어져 있었고, 담당하게 된 일은 워터였다. 워터는 포장을 위한 자재 관리 및 포장된 제품을 허브로 이동하는 일로 10가지 이상의 박스, 포장지, 아이스팩 그리고 에어완충제 제작까지 맡아서 했는데…. 택배 주문이 얼마나 많은지 수백 명 인원이 뒤섞여 부지런한 일꾼 개미처럼 일했다. 영차 영차! 언제부터인가 일을 시작하면 얼마 만에 적응하는지 스스로 질문을 했다.

1년…, 3개월…, 1주…, 3일…, 1일….

갈수록 시간은 단축되어 이제는 찰스 로버트 다윈의 『종의 기원』처럼 "살아남는 종은 강한 종이 아니고 똑똑한 종도 아니다. 오로지 변화에 적응하는 종만이 살아남는다."라는 말처럼 살아남는 종이 되어 있었고, 3주 만에 맞은 업무에서 인정을 받아 포장을 위한 싱글 라인의 물류를 담당하게 되었다.

끝없이 돌아가는 벨트 컨베이어 위에 끝없이 늘어선 택배 물량을 보면서 집집마다 바나나, 사과, 고구마, 달걀, 랍스터, 샐러드 등 수많은 식품이 배송되고 있었고, 끝없이 마음의 문에 초인종을 눌렀다.

띵동 '하지 않으면 죽어버릴 것 같은 일을 해.'
띵동띵동 '하지 않으면 죽어버릴 것 같은 일을 하라고….'

지금까지 책을 따라 꿈을 좇아서 왔는데…. 어떻게 하라는 거야?

'꿈이 아닌 뜻을 세워라.'라는 글이 말이 되어, 말이 메아리 되어 북소리처럼 쿵쿵거렸다.

'여러 번 실패했지만, 사회적 기업가를 다시 도전해보는 거야.'

이번에도 어김없이 "저 퇴사하고자 합니다."라고 말했고, 퇴사 영재가 된 것처럼 당당하게 걸어 나갔다.

『나는 직장에 다니면서 12개의 사업을 시작했다』 책이 나를 더욱 격려해 주었다. "미국 노동통계국에 따르면 베이비붐 세대는 22~44세에 평균 3.5년마다 이직을 했다고 한다. 이런 풍조는 점점 가속화되고 있다. 밀레니엄 세대의 91%는 직장에서 3년 이상 근무하지 않을 거라 예상한다. 이 속도대로라면 앞으로 일반 근로자는 평생 스무 번가량 이직할 것이다." 안도의 마음과 함께 지금까지 월급을 받으면서 조직 문화를 배우며 경영 수업을 받았다고 생각하기에….

'진정한 인생의 승부는 이제부터 시작이다!'

Part C

나를
꿈꾸게 하는 것은
책이다

1장

독서 혁명가의
꿈

.
.
.

1.

책이 삶이 되는
기적을 만들어보면 어떨까?

『체 게바라 자서전』에서 "가장 훌륭한 자서전은 다가올 미래를 쓰는 것이며, 그가 미래의 삶을 꿈꾼 것이 아니라 미래가 그의 삶을 꿈꾸었던 것이다."라고 했다.

'미래가 나의 삶을 꿈꾸길….'

책을 읽을 때마다 과거의 기록이 현재가 되어, 현실의 모습을 거울처럼 비추기 시작했다.

『체 게바라 자서전』을 읽으면서 체 게바라가 쿠바 혁명가의 꿈을 완성한 것처럼 세상에서 독서혁명가가 된 것처럼 꿈꾸기 시작했고, '책이 삶이 되는 기적을 만들어보면 어떨까?' 하고 생각하니 새로운 도전이 나를 이끌었다.

독서 혁명가가 되기 위해 해야 일은 인생의 수많은 문제로 힘들어하는 동지를 대신하여 인생에서 새로운 전환점이 될 책을 소개하고, 아름다운 인생을 위하여 선한 영향력을 이끄는 것이라는 뜻을 세웠나.

뜻을 세우자 가슴속이 불가마처럼 열정이 활활 타올랐다.

꺼지지 않는 불이 되어 낮과 밤을 가리지 않고 1,250℃ 최고의 나를 만나게 했고, 또다시 100일 100번 쓰기의 꿈을 적으며 인생을 정말 뜨겁게 불태우며 살기로 다짐했다.

'독서 혁명가 × 100일 100번 쓰기'

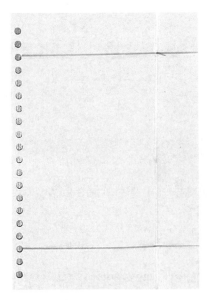
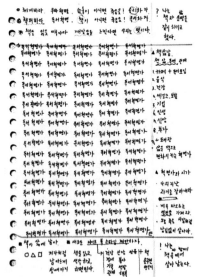

이제는 독서 혁명가로 책과 함께 운영을 같이 한다고 생각했고, 무엇보다 책(벗)과 함께라면 두렵지 않았다.

'독서 혁명가, 책 펴봐라! 나가신다.'

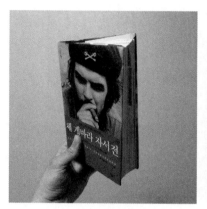 

2.

도서관에
인생독서 프로그램을 제안하다

　책을 따라, 꿈을 따라, 삶을 따라…. 집도 경남, 경기, 서울 찍고 다시 경기도 오산시에 이사했고, 지금까지 걸어온 발자국을 따라 뒤돌아보니…. 건강독서경영, 무한가족 북카페, 음식독서단, 책훈장 앱 비즈니스 등 어느새 책과 독서 그리고 공부와 교육에서 강점을 키워 오고 있었다는 것을 깨달았다.

　현재 살고 있는 교육도시 오산시에서 '내가 세상에 내놓을 수 있는 최고의 것은?' 무엇인지 질문해보니 '책과 삶의 이야기 아닐까!'라는 생각을 했다. 독서혁명가의 뜻을 세운 만큼, 사회 공헌에 초점을 맞춰 독서의 강점을 활용해 『지적자본론』에 나오는 공공도서관 이노베이션에 도전하고 싶었다.

그리고 그 속에서 인생에서 만나게 되는 문제들을 해결하기 위한 '라이프 북 스타일'이라는 주제로 인생독서 프로그램을 만들기 위해 질문에 질문을 거듭했다.

'어떻게 하면 책을 더 가까이할 수 있을까?'
'책으로 더 나은 삶을 살아가는 방법을 보여줄 수 있을까?'
'사람들을 변화시키는 책의 힘은 무엇일까?'

라이프 북 스타일은 생활 맞춤독서, 생애주기 독서, 생각성장 독서, 생명 지속 독서로 구성되어, 지식이 담긴 책과 지역의 주민이 함께하며 지속으로 지혜를 공유해 나가는 것을 목표로 세웠다.

그리고 바로 혁명이 시작된 것처럼 오산중앙도서관의 문을 열고 관장실로 들어가 인생독서 프로그램을 제안했다.

똑, 똑, 똑
"안녕하십니까? 독서혁명가입니다."

관장은 항상 고객을 대하는 것처럼 태연하게 말했다.

"안녕하십니까! 관장입니다."

기다릴 수 없다는 듯 저돌적인 자세로 바로 결론부터 말했다.

"인생독서 프로그램을 제안하고자 왔습니다."
"좋은 제안이네요. 여기에 앉아서 어떤 내용인지 들어볼까요?"

의자에 앉자마자 무섭게 총알의 소리처럼 탕! 탕! 바로 말을 이어갔다.

"인생에 필연적으로 만나게 되는 주제를 바탕으로 더 나은 내일을 위하여 도서관을 이노베이션하고 싶습니다. 첫 번째로 생활맞춤 독서로 인생의 주제와 오산 시민이 좋아하는 오색으로 가족/관계(초록), 건강(주황), 경제(빨강), 성장(파랑), 신앙/봉사(노랑) 도서를 재배치하고, 지역의 각 전문기관을 연결하여 인생 문제이자 사회 문제를 해결하고 싶습니다."

지금까지 생각하지 못했던 제안에 관장은 총 맞은 사람처럼 어안이 벙벙했다.

"혹시 각 전문기관이???"

발사된 총알이 불을 뿜듯 입술의 총구에서 따발총처럼 말이 계속 나왔다. 탕! 탕! 탕!

"오산시에는 (가족)노인복지관, 지역아동센터, 이주민센터, (건강)건강생활 지원센터, (경제)고용복지+센터, 오산시 근로자 종합복지관, 청년일자리카페 유잡스, (성장)화성오산교육청 Wee센터, (신앙/봉사)자원봉사센터,

종합사회복지관 등 있는데…, 저마다 각각 운영을 하고 있지만 전체적인 시각에서 소개하고 연결해주는 곳이 없는 것 같아 오산중앙독서관이 핵심 기관이 되었으면 합니다."

관장은 총성 같은 소리에 뚜렷한 정신을 차린 듯이 뚜렷한 비전을 본 듯 말을 이어갔다.

"좋은 제안이네요. 더 자세하게 말해줄 수 있나요?"
"네, 한 권의 책은 하나의 세계라고 생각합니다. 책을 가지고 있는 도서관에서 책과 기관 그리고 시민을 연결하여 인생의 지식과 대안을 공유하고, 지속 가능한 사회의 지혜를 생산하였으면 좋겠습니다."

총알이 과녁을 향해 정확하게 날아가는 것처럼 마지막 허를 찌르는 말을 했다.

"그리고 혼자서 조용하게 책만 보는 소극적인 운영에서 벗어나 함께 독서하며 인생의 경험을 연결하는 혁명적인 운영으로 탈바꿈했으면 좋겠습니다."

관장은 마음이 관통이 되었는지 말을 했다.

"좋습니다. 지금까지 도서관 운영에 있어 아무도 가지 않은 길을 걸어가야 하는데…, 전체 회의를 통하여 검토해보겠습니다."

"감사드립니다."

혁명의 불꽃이 전달되었기에 관장과의 대화는 끝이 났다. 문을 열고 나
오는 순간, 더 넓은 세계를 향해 진격하는 독서혁명가가 되어 있을 것 같았
는데 모든 것이 한순간 진짜 꿈이 되었다.

'코로나19로 도서관이 임시 휴관이라니!'

　나에게는 책이 있습니다

우리 사회가 직면한 문제들, 주체적인 개인의 삶, 청소년의 비행, 실업 등의 사회 문제, 기업의 사회적 책임을 공유하여 미래 사회를 만드는 청사진을 제시하는『피츠버그의 빈민가에 핀 꽃』책처럼 나에게는 (책의) 꿈이 있다. 코로나19로 실행하지 못하고 꿈으로 남아 있지만, 인생독서 프로그램의 생활맞춤 독서, 생애주기 독서, 생각성장 독서, 생명지속 독서가 아직도 마음속에 남아 있다.

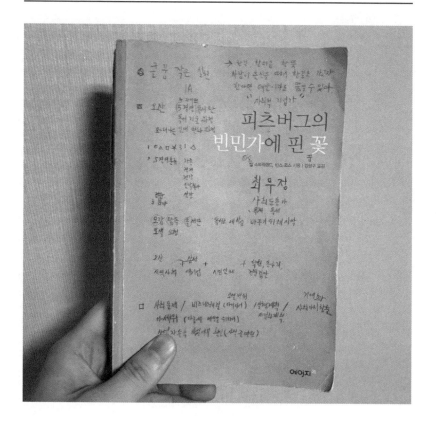

○ 생활맞춤 독서의 책 7권과 함께 독서하고, 함께 대화하고, 함께 인생을 걸어갈 수 있기를.

생활맞춤 독서
1. 가족/관계
2. 건강
3. 경제
4. 성장
5. 신앙/봉사

인생에서 오는 가장 어려운 문제인 미래의 불확실성, 혼자 있다는 고독, 관계의 허무감, 존재의 가치, 자아 정체성, 우울증, 경제적 문제, 인간관계 등 곪아 터질 인생의 문제로 시달리던 삶에서 책이 약이 되어 점점 새로운 삶이 솟아나고, 시들해 보이던 삶에서 잃어버린 열정을 되살아나길.

○ 생애주기 독서로 인생을 여행하듯 10대부터 시작하는 삶의 전환기를 알아보고, 나아가 위대한 인물의 자서전을 통해 인생에서 소중한 것이 무엇인지 깨닫는 인생수업을 함께 받기를.

생애주기 독서
1. 『누가 내 치즈를 옮겼을까?』
2. 『스물아홉 생일, 1년 후 죽기로 결심했다』

3. 『멈추지 마, 다시 꿈부터 써봐』

4. 『위대한 멈춤』

5. 『인생의 절반쯤 왔을 때 깨닫게 되는 것들』

6. 『인생 수업』

7. 『내가 알고 있는 걸 당신도 알게 된다면』

인생의 주기마다 찾아오는 인생의 변화를 이해하고, 혼자만의 시간을 통하여 자기 내면을 누구보다 잘 알게 되고, 미래를 미리 생각할 수 있는 독서의 시간을 통하여 현자의 모습처럼 점점 변화하길.

생애주기 독서(위대한 인생)

1. 『사랑 그리고 나눔』

2. 『링컨 당신을 존경합니다』

3. 『헬렌 켈러 자서전』

4. 『체 게바라 자서전』

5. 『간디 자서전』

6. 『나에게는 꿈이 있습니다』

7. 『마더 테레사 자서전』

위대한 인물의 자서전을 통하여 위인과 같은 위대한 생각과 위대한 행동을 같이 하고, 때로는 위인이 된 것처럼 위인과 같은 모습을 하고 있는 자신의 모습에 깜짝 놀라길.

○ 생각성장 독서로 인간의 통찰을 극대화하여 인간에 대한 정체성을 관찰해나가고, 자신만의 성장 시스템을 만들면서 무한한 잠재력을 갖고 있다는 사실을 깨닫기를.

생가성장 독서(통찰형 인간)
1. 『아침형 인간』
2. 『나비형 인간』
3. 『창조형 인간』
4. 『동사형 인간』
5. 『기록형 인간』
6. 『N형 인간』
7. 『지속가능형 인간』

인간을 다양한 시각에서 다양한 관점으로 끊임 없이 바라보는 독서의 과정을 통하여 자신의 내면에도 같은 인간의 모습이 있다는 것을 깨닫게 되길.
자신에게도 인간의 무한한 잠재력을 가지고 있다는 사실을 느끼기 시작하면서 다양한 능력까지 개발하여 잠자고 있었던 자신감까지 회복하길.

생각성장 독서(성장 시스템)
1. 『프레임』
2. 『선택』

3. 『더 딥』

4. 『습관의 재발견』

5. 『행동하는 리더의 체크리스트』

6. 『피드백』

7. 『피터 드러커의 자기경영노트』

생각에만 머물러 있지 않고 행동하면 자신만의 독특한 체계를 만들길.

행복한 성공을 위한 자기경영노트를 가지게 되면서 성실, 성찰, 성취, 성장, 성공하는 모습을 뚜렷하게 그려 나가길.

ㅇ 생명지속 독서로 인류의 지속 가능한 생명을 지키자는 의식을 가지고, 지구를 지키는 방법을 삶에서 실천하기를.

생명지속 독서(인류애 독서)

1. 『왜 세계의 절반은 굶주리는가?』

2. 『한국의 사회 문제』

3. 『지구를 구하는 창조의 현장에서』

4. 『체인지 메이커』

5. 『그래도 Anyway』

6. 『지구를 지키는 101가지 방법』

7. 『나무를 심은 사람들』

지금까지 우물 안의 개구리처럼 살았던 인생에서 뛰쳐나와서 바다인 인류를 생각하고, 인류를 위한 의식의 변화만이 희망이 있다는 것을 깨닫길. 함께 책을 읽은 사람들이 '인류애의 의식이 없으면 인생은 미완성이다.'라고 함께 외치길.

3.

코로나19, 책과 도전하는 삶으로
쿨하게 생존하다

지금까지 살아오던 삶이 한순간에 바뀌는 인류 최대의 패러다임 시프트
가 이런 것일까?

'코로나19, 코로나19, 코로나19다.'
'도대체 무슨 일이야?'
'코로나19가 뭐지?'

『유엔미래보고서 2040』을 읽고 앞으로의 미래가 어떻게 변화할지 체크
리스트를 만들어서 연도별 변화를 확인하고 있었는데…, 치사율 높은 새로

운 질병들에 대한 미리 짐작할 수 있었지만, 실제 현실에서는 전혀 일어날 것이라고 생각도 못 했다.

아니 정확하게 말하면 아무런 준비를 하지 못했다. 그래서 '도전하는 미래가 살아남는다.'처럼 코로나의 시대에 새로운 도전을 할 수밖에 없었다.

'어떻게 해야 하나? 어떻게 해야 할까?'

'책, 너는 다 계획이 있구나! 오~!'

예전에 읽었던 『쿨하게 생존하라』, 『그대, 스스로 고용하라』 책을 다시 펼쳐 재독했다.

『쿨하게 생존하라』 책에서 생존 도구 6가지를 다시 재확인했다.

직업 : 직장 다닌다고 직업 생기지 않는다.

경험 : '할 수 있다'는 말보다 '했다'라고 말할 수 있어야 한다.

관계 : 행복을 위해서는 친구가, 성공을 위해서는 아는 사람이 필요하다.

배드뉴스 : 인생이 제대로 돌아가고 있다는 증거다.

역사 : 미래를 '돌아'보고 과거를 '계획'하라.

균형 : 삶의 GPS, 고Go 플레이Play 스톱Stop하라.

'변화를 관찰하고 도전하는 사람만이 살아간다.'

자기 생존 도구

년 월 일

☐ 좋아하는 것을 직업화 ☐ 취미 업그레이드→수입	☐ 돈을 벌 수 있는 커리어 ☐ 8개의 역할	☐ 다른 직업을 만들기 ☐ 나의 위기 관리 전략	☐ 불확실성과 제대로 마주 하고 돌파하라.	△ 무엇을 위해 아침에 일어 나는가?	△ 나의 하루(=인생)를 어 떻게 평가 할 것인가?
35	45	55	65	75	85

직업	소수만이 할 수 있는 일 우리 나라에 없는 일 = 새로운 일				
경험	알기 → 하기, I Can → I Did I Did Chack List 자기경영 : 아이디어, 체크리스트				
관계	다양한 사람과 어울릴 기회 = 아는 사람들, 약한 연대 내가 먼저 도움을 줄 수 있는 것				
배드뉴스	배드뉴스 대응 = 최악의 상황 생각, 현재의 상황 비교하기 삶의 10대 뉴스				
역사	퓨처 메모리 북 = 미래의 기억을 적는 책 미래의 나, 현재의 나에게 조언하기 자신의 죽음을 떠올리기, 묘비문 쓰기				
균형	큰 그림 그리기 = 중지하고 돌아보기 일하고 놀고 쉬고, Go Play, Stop				

변화를 관찰하고 시도(도전)하는 사람만이 살아간다.

자기 혁명 지도

년 월 일

세상이 시들해 보이는 이유? 자신이 일과 삶에 대한 관심과 열정을 잃었기 때문이다.

- 재능 계발 → 인적 자본 기준 → 기억?
- 지적 재산의 가치?
- 인생을 ? 에 걸어라. 몸도 마음도 시간도 모두!

☐ 재능 이력서
☆ 재능-직업화
☆ 재능자본화

☐ 나의 기도문
☆ 활성화 ○

☐ 나의 날
☆ 년 월 일

☐ 리스크 관리
최대 : 결과 통계
최소 : 인과 관계 파악

☐ 꿈의 영향

☐ 자기 브랜드
☆ 자기 진화
☆ 자기 자본화

최초가 되라.

☐ 자신의 재능을 발견하고/계발함으로써 스스로의 경제적 가치와 삶의 질을 끌어올릴 수 있는 자기 혁명의 방안을 게시

『그대, 스스로 고용하라』 책을 읽고, 자기혁명지도를 만들었던 것을 다시 펼쳐보았다.

현재 위치에서 적극적 여가의 좋아하는 일을 통하여 자신의 재능을 발견하고 계발함으로서 경제적 가치와 삶의 질을 끌어올릴 수 있는 자기혁명의 방안을 찾으라.

제일 먼저 '코로나 시대에 안전한 직업이 무엇일까?' 하고 생각했다. 그리고 선택할 수 있는 직업과 직장의 범위를 생각해서 찾아본 결과 클린룸이 설치된 반도체와 제약사 그리고 식품회사가 생각났고, 환경과 위생적인 측면에서 식품회사가 제일 안전하다고 생각했다.

"그래, 대기업 푸드 회사로 들어가자."

식품 관련 직무 경력은 없지만 직장 생활하면서 취미로 배운 제과 제빵의 경험으로 바로 케이크 라인으로 배정되었고, 하이패스처럼 입사되었다.

'역시 난 입사 천재야!'

예상과 같이 입구에서부터 소독제로 온몸을 샤워하는 것을 시작으로 들어가는 입구마다 먼지 제거와 위생관리를 철저하게 지키며 점검했다.

케이크 라인에서 담당하게 된 일을 커피 전문점에 납품하는 부드러운 생크림 카스테라에 들어가는 크림을 배합하는 일이었고, 단 두 명이 하는 일이라 더 안전했다.

'휴우~, 이제야 안심이 되네.'

하루 주문량에 맞춰 대략 15,000개 이상 빵에 들어가는 크림을 거의 자동화된 기계처럼 10분 단위로 500개 단위의 크림을 쉴 틈 없이 만들었다.

예전에 크로스핏 운동하면서 들었던 노래가 생각났다.

Show Me Your BBA SAE.

"빡세 빡세 빡세~"

일하면서 10kg이 저절로 빠졌다.

"돈 벌었다. 오예~."

출근할 때마다 책과 함께 손을 잡고 가는 것은 일상이 되었는데…. 왠지 모르게 계속 『나에게는 꿈이 있습니다』 책이 손에서 떠나질 않고, 책 제목처럼 마틴 루터 킹의 말이 계속 생각났다.

'나에게는 꿈이 있습니다. 나에게는 꿈이 있습니다. 나에게는 꿈이 있습니다.'
'그런데 왜 여기까지 오게 되었을까?'
'너무 소극적인 자세로 생활하고 있는 것이 아닐까?'

코로나19를 적극적으로 대처하는 태도로 두려움을 뚫고 계속 앞으로 나아가고 싶었다. '그래, 계속 도전해보자!' 집으로 가는 전철역에서 포스트를 보는 순간, 책에서 보았던 명언이 이제는 일상의 공간에서도 하나씩 보이기 시작했다. "마스크 착용, 나와 모두의 생명을 지키는 길입니다." 생명을 지키는 길이 생명을 지키는 일로 보이면서 새로운 직업을 위한 마스크 제조회사에 가고 싶은 마음이 생겼다. '그래, 마스크 제조회사로 들어가자!'

"인간은 의지만 있다면 뭐든지 할 수 있다. 항상 정상적인 범주에만 머문다면 얼마나 대단한 존재인지 알 길이 없다. 어떤 존재가 될 가능성이 있다면 필히 그 존재가 되어야 하고, 자기 안에 있는 모든 가능성을 실현했을 때 우리는 비로소 자아를 실현한다. 자신의 잠재 가능성을 최대한 계발하는 것을 목표로 삼으라."
— 『폴리매스』 중에서

이제는 『생각의 속도로 실행하라』처럼 행동하면서, 살아남기 위한 것인지? 아니면 기질인지? 알 수 없지만….

하루 만에 일상을 전환하는 속도가 치타처럼 빨라졌다. 치타치타!

분명히 퇴근이 아닌 퇴사를 하는 날인데…,

아무렇지 않게 다음 날이면 다른 회사로 자연스럽게 출근했다.

"혹시 경력직이신가요?"

"아니요."

생명을 지키는 일을 할 수 있다는 마음 덕분에 마스크 제조사가 있는 곳이면 조건에 상관없이 무조건 달려갔다. 한 번도 가지 않았던 길이라도…. 인생은 대기업에서 아웃소싱 회사로, 연봉에서 일급으로, 전문직에서 일용직으로, 주 40시간에서 주 70시간 이상 근무로 모든 것이 변화하였다.

하지만 어떤 것도 큰 북을 울리는 내면의 심장 소리는 잠재우지 못했다.

'삶은 회사와 월급이 아닌 삶의 뜻과 가치로 결정하는 거야!'

나이스 피플이라는 아웃소싱에 입사하였다. 첫 출근과 동시에 생명을 지키는 일을 할 수 있는 마음이 분당 100장을 생산하는 덴탈 마스크 생산 장비를 분당 200장씩 찍어낼 만큼 페라리의 최고 속도로 달렸다. '생명을 지키는 나의 애마 페라리 달려라~' 1초에 3장 이상 마스크를 생산하면서 1초의 휴식도 아까울 만큼 마스크를 생명처럼 찍어냈다.

갑자기 입사 12일 뒤 부반장이 되었다. '페라리로 너무 과속했나?' 그리고 25일 뒤 아웃소싱에서 마스크 제조사의 정직원으로 발령받았다. '회사도 아름다운 세상을 위한 나의 마음을 알아보는구나!' 하루 12시간, 휴일 없이 회사에 일하면서 정직원 21일 뒤 반장이 되었고, 생산부터 출하까지 전체를 담당할 줄 알았는데….

갑자기 텐탈 마스크 생산이 경영 악화로 100명에서 17명으로 인원이 감축되었고, 59일 뒤에는 KF-94 마스크 생산으로 재배치되었다.

'코로나 시대에 마스크가 필수로 절대로 안 망한다더니….'

회사의 경영은 정반대로 가는 것 같았다. 정확하게는 마스크 제조사의 공급 과잉에 따른 마스크 수급이 안정된 상태로 접어들었고, 우후죽순 생긴 마스크공장 줄 폐업한다는 뉴스로 가득했다.

모든 것이 고용 불안정으로 생각할 수 있는 환경에서도 사회적 기업가를 향한 여정이라 생각하니 모든 것이 배움으로 느껴졌고, 돈을 주고도 살 수 없는 소중한 경험자산이었다. '부정을 긍정으로 변화시키는 마음의 연금술이 생기다니….'

"마스크 착용, 나와 모두의 생명을 지키는 길입니다." 생명을 지키는 일은 맞지만, 더 정확하게 생명을 지키는 길은 아니었다. 『연금술사』에서 "그대의 마음이 가는 곳에 그대의 보물이 있다."라고 했는데…. 책과 함께 또다시 걸어 나갔다.

'또다시 마음이 가는 곳으로 길을 찾아서 떠나자.'

이제는 어떤 책에서 나왔는지 모를 만큼 매순간 마다 명언이 생각났다.

'나의 길은 나만이 정할 수 있다.'

4.

내가 가는 모든 길이
책이자 삶이다

자기 계발서로 시작된 자기계발은 한식조리사 자격 취득으로 이어졌고, 『세상을 담은 밥 한 그릇』 책을 통해 배운 음식독서단의 지식 덕분에 한식 조리사의 길이 항상 열려 있었다.

한식조리사로 취직할 수 있는 곳으로 기업체, 병원, 학교, 호텔, 식당 등 이 있었지만 병원이 제일 눈에 들어왔다. 호텔의 화려한 음식보다 식당의 맛있는 음식보다 무엇보다 사람의, 사람에 의한, 사람을 위한 건강한 음식 을 만들고 싶다는 생각에 병원 조리사로 지원했다.

'이번에는 한식조리사다!'

한식조리사 실기에서 총 52가지의 요리를 배웠지만, 실무 경험이 없는 상태라 두려움이 많았다. 하지만 참 좋은 분들을 만나서 다행이었다.

시금치 잎만 빼고 줄기까지 통째로 잘라버려도, 그 간단한 어묵 볶음을 불 조절 못해서 통째로 다 태워 먹어도, 100인분 해파리를 푹 삶아서 10인분으로 만들어도, 참 좋은 사람을 만나면 모든 것이 용서가 되었다. 식재료 낭비로 너무 미안한 마음에 월급에서 차감해주길 바랐지만 그것마저도 다 용서해주셨다.

한식조리사로 일 하면서 알게 된 것이 있다면, 요리는 도깨비 방망이처럼 마법에 가까웠다. 닭, 식용유, 당면, 감자, 당근, 양파, 청경채, 고추, 대파, 마늘, 정종, 소금, 후춧가루, 다진 생강을 넣으며……. 찜닭 나와라. 뚝딱! 음식은 맛있거나 맛없거나 즉각적인 피드백이 빨랐고, 짜거나 맵거나 싱겁거나 달거나 등 오감의 자극도 확실했다.

삼시세끼의 음식은 매일 맛볼 수 있는 만족으로, 음식이 주는 즐거움에 매일 같이 백종원 똥튀김, 수원왕갈비통닭, 이연복 멘보샤, 홍루이젠 샌드위치 등 신 메뉴에 도전하며 요리의 맛에 푹 빠졌다.

한식조리사를 하면서 밥을 먹는 모습만 보아도 행복해하시던 어머니의 마음이 느껴졌고, 매일 건강한 몸을 위해 밥 먹는 것처럼 매일 건강한 마음을 위해 책도 같이 먹었다.

'아침 먹고 책, 점심 먹고 책, 저녁 먹고 책, 삼시세끼처럼 삼시세독도 참 맛나다.'

'매일 밥을 먹는 것처럼 만족을 느낄 수 있는 일은 무엇일까?'

10년 전 자원봉사로 시작된 사회복지사 공부는 실습만 남겨둔 상태에서 제자리걸음을 하고 있었는데, 사회복지사 현장실습 120시간에서 160시간으로 변경됨에 따라 더 이상 뒤로 미룰 수가 없었다.

한 달 동안 진행되는 사회복지사 실습을 위하여 실장님이 한 달 동안 퇴사를 보류한 채, 지속적으로 근무할 수 있도록 배려해주셨지만, 참 좋은 사람에게 부담을 드릴 수 없어 결국 퇴사를 결심했다.

'이제 사회복지사 현장실습 시작이다.'

사회복지사 현장실습은 전체적인 시각에서 볼 수 있는 종합사회복지관에서 실습을 받고 싶었지만 기간, 장소, 면접 등 여러 가지 조건이 맞지 않았고, 평생교육원 사회복지학과의 추천으로 다시 노인요양시설인 요양원으로 갔다.

실습 첫날 슈퍼바이저의 질문은 짧지만 강력했다.

"혹시 사회복지사 자격증 취득을 위해서 오셨나요? 아니면 사회복지사로서 실무하실 계획인가요?"

사회복지사의 현장실습에 2가지 교육코스가 있을 줄이야. 당연히 떠먹여주는 자격증보다 뜯고 씹고 맛보고 즐기는 실무를 위한 선택을 하였고, 낮에는 실습을 밤에는 학습으로 날밤을 새는 현장실습이 될 줄을 몰랐다.

인생에 흔적을 남기는 확실한 방법은 편한 길보다는 어려운 길을, 쉬운 것보다 어려운 것을 선택하는 것으로 아무도 가지 않는 길이 좋아지기 시작했다.

'내가 가는 모든 길이 책이자 삶이 될 거야.'

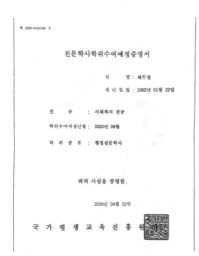

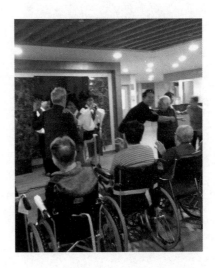

2장

경제 독립가의
꿈

.

.

.

1.

책으로 원하는 삶을
생생하게 꿈꾸다

사회복지사의 자격을 취득한 순간부터 손에 잡는 책도 변화했다.

『한국의 사회 문제』, 『쓰레기 문제 보고서』, 『피처버그의 빈민가에 핀 꽃』,

『지구를 살리는 7가지 불가사의한 물건들』, 『지구를 지키는 101가지 방법』,

『지구를 구하는 창조의 현장에서』, 『플랜 B 3.0』 책과 함께하면서 자신에게

만 머물러 있던 시선이 지역사회로 나아가 지구에 살고 있는 세계시민으로

시각이 점점 커지기 시작했다.

'그래! 체인지 메이커로 사회문제를 인식하고 해결 방안을 찾아 변화를

이끌어 나가는 사람이 되자.'

사회복지사 자격을 취득한 후 종합사회복지관, 노인종합복지관, 자원봉사센터 등 사회복지사로 일할 수 있는 곳이면 무조건 찾아가 입사지원을 했다. 하지만 실버인력뱅크 탈락, 노인 사회활동 지원 사업 전담인력 탈락, 희망동네 서비스 제공 탈락 탈락 탈락에…, 멘탈이 탈 탈 탈 털렸다.

'입사 천재, 퇴사 영재도 이제는 반납해야겠다.'

봉사활동을 시작하면서 인생 가치를 깨달았던 순간, 대기업에서 처음으로 퇴사하기로 마음을 먹었던 그때가 생각났다. 퇴사 후 미래의 계획이 무엇인지 작성해보라며 상사가 건네주었던 하얀 종이, 그 앞에서 온통 하얗게 질려서 퇴사를 포기했던 그때 노인복지시설의 채용이 다시 보였다.

'나의 운명일까? 아니면 삶의 필연일까?'

경기도 화성시 효행로1040번길 20에 위치한 노인복지센터의 사회복지사로 입사해 하얀 종이에 그림을 그리게 되었다.

'역시『연금술사』책에서 말한 그대의 마음이 가는 곳에 그대의 보물이 있다라는 것을 알겠어!'

2005년 8월부터 지역사회를 위한 노인 무료급식 지원 사업을 하고 계시는 원장님의 마음이 어머니의 마음처럼 포근했고, 암 환자라는 것이 무색할 만큼 자원봉사하시는 모습에 큰 감명과 사명감을 느낄 수 있었다.

다시 찾아간 그곳에서 사회복지사로 첫 출근을 하게 되었다.

"안녕하세요. 사회복지사입니다."

노인주간보호 센터에서 사회복지와 무료급식 담당자로 매일 카니발을 타고 어르신의 송영을 시작으로 하루 55km를 주행하였고, 빵집, 떡방, 푸드뱅크 등 선한 영향력으로 후원해주시는 곳을 찾아가 후원 물품을 전달받았다.

평일에는 주간보호를 이용하시는 어르신을 위하여 프로그램을 기획하였고, 주말에는 자원봉사자와 함께 결식우려 어르신을 위하여 무료급식을 운영하였다. 코로나 속에서도 따뜻한 정을 느낄 수 있다는 것이 나를 행복하게 만들었다.

하지만 또다시 세후 월 급여 170만 원, 나의 행복을 채우며, 가족의 안정된 삶을 살기에는 턱없이 부족했다.

'행복을 다시 찾았는데…'

사회복지사로서 자원봉사하며 세상에 필요한 일만 하기엔, 나에게는 경제적 자유가 없었다. 계속 한숨과 함께 눈물이 나왔다.

책과 삶을 함께하면서 누구에게도 말하지 않은 비밀이 있다. 원하는 인생을 이루는 지름길을 책에서 찾고, 책을 통해 원하는 인생을 끌어당기는 시크릿 북이 나에게 있다. 시크릿 북을 볼 때마다 원하는 인생은 눈만 감으면 언제든지 생생하게 볼 수 있다.

『시크릿』(나에게는 꿈이 있습니다), 『백만장자 메신저』(경험과 지식을 나누며 평생 성장), 『당신은 뼛속까지 경영자인가』(경영학사 취득), 『Plan B 3.0』(환경운동가 활동), 『하고 싶은 일이 없는 사람은 사회적 기업가가 되어라』(소셜 벤처 창업), 『하나님이 나의 기업을 소유하시다』(청지기의 삶, 100% 기부), 『지도 밖으로 행군하라』(국제구호개발기구, 세계시민학교), 『경주 최 부잣집 300년 부의 비밀』(최씨 가문의 탄생), 『섬김형 인간』(봉사활동 1만 시간, 헌혈 300회)

지금 무슨 생각을 하고 있는지 읽고 있는 책을 보면 알 수 있듯, 지금 무슨 인생을 살고 있는지 읽은 책을 보면 알 수 있다.
'책이 꿈이 되고, 책이 삶이 되는 기적을 기다리며….'

『연금술사』에서 나온 "무언가를 간절히 원할 때 온 우주는 자네의 소망이 실현되도록 도와준다."라는 말처럼 될 것이라 생각하며, 『지금 하지 않으면 언제 하겠는가』 책 제목처럼 지금 당장 할 수 있는 것부터 하나씩 행동하고 있다.

2.

한 권의 책으로
삶을 다 바꾸다

시크릿 북을 통해서 인생 전체가 바뀌는 결정적인 한 가지를 찾았다. 죽기 전에 이뤄야 할 자신과의 약속 '버킷리스트'를 볼 때마다 한 가지만 선택해야 한다면….

'나는 '섬김형 인간'이 되고 싶다.'

헌혈을 시작으로 조혈모세포 기증(조혈모세포은행협회)과 장기 기증(사랑의장기기증운동본부)을 하였고, 섬김의 지표로 1365 자원봉사포털 자원봉사 500시간과 헌혈 100회 명예장을 수여받았다. 하지만 이 정도는 시작에 불가할 뿐 만족하지 않았다.

'아름다운 세상을 위하여'

'나는 죽는 순간까지도 섬기고 싶다.'

지금 당장 경제적인 자유가 있다면…. 인생의 한 단어로 봉사활동 1만 시간을 채우기 위하여 섬김의 무한 질주를 하고 싶지만, 일상의 작은 것부터 다시 하나씩 실천하기로 했다. 『청소력』을 통하여 필요한 것과 불필요한 것을 정리를 했다면, 삶을 다시 사랑하게 되는 공간, 시간, 인맥 정리법 『하루 15분 정리의 힘』을 활용해 인생의 모든 것을 정돈했다. 그리고 우리 동네에서 열리는 벼룩장터의 마켓을 통하여 『단순하게 살아라』를 실천했다.

처음에는 사용하지 않는 밥상, 크리스털 식기를 시작으로 세탁기, 밥솥, 가방, 프린터, 에어 프라이어, 무선 키보드, 스마트 밴드, 다리미판 등 한살림 가득한 집안의 물품을 0원으로 무료로 나누었다. 『소유냐 존재냐』에서 실질적인 존재를 선택했고, 소유에서 벗어나 삶의 향기 그리고 텅 빈 충만 『무소유』로 청빈의 삶을 즐겼다.

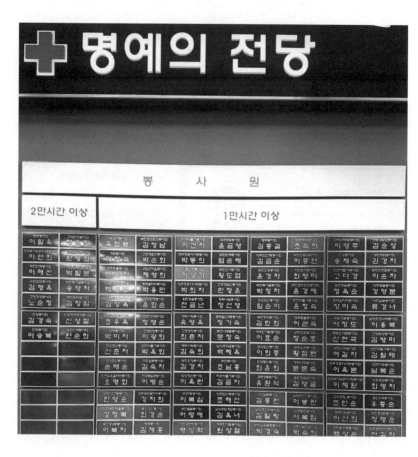

출처 : 대한적십자사 명예의 전당 봉사원

　존재적 가치를 선택한 순간! '지금까지 구입한 모든 책을 필요한 사람들 손에 나누는 거야!'라는 생각이 들었다. 지금까지 든든한 아빠처럼 때로는 애틋한 애인처럼 사랑했던 444권 책은 출가하는 자녀와 같은 심정으로 지식이 필요한 또 다른 사람들에게 전달했다. 그리고 이제부터 책이 필요할 때는 『아낌없이 주는 나무』를 생각해 중고 서점을 집처럼 드나들었다.

모든 책까지 나누고 일상을 되돌아보니…. 책은 일상이 되어 삶과 함께 살아 숨 쉬고 있다는 것을 느꼈다. '책이 살아 있네!' 책의 선택은 삶의 선택이자, 책은 나의 일부이고, 삶의 전부가 되었다. 이제는 책의 언어가 삶의 일상으로 변환되어 있었다.

☆ 예스맨의 꿈 이야기

기상 시간 4시 44분, 444권 책의 의미처럼 나에게는 꿈이 있다.

사(4)람과 사(4)람 사(4)이에

사(4)랑하는 사(4)명을 가진 사(4)회로 모두 다 같이 나아가자!

444의 마음으로 하루를 시작하고, 444의 마음으로 꿈꾸며 살고 싶다.

3.

경제적 독립을 찾아
책과 여행을 떠나다

인생 전체가 바뀌는 결정적인 한 가지 '섬김형 인간'으로 살기 위하여 경제적 독립을 향한 항해를 시작하였다. 현재보다 급여가 높거나 경제적 독립을 위한 배울 점이 있는 곳이라면 파도가 치는 험난한 곳이라도 찾아갔다.

현재보다 급여가 높은 초밥집의 일식 조리 과장으로 12시간 주 6일 근무를 하였다. 바닷속에 사는 광어, 도미, 연어, 방어, 전어 등 『펄떡이는 물고기처럼』 초밥을 만드는 모든 과정이 즐겁고 재미있게 느껴졌다.

매일 아침 출근과 동시에 광어 2마리, 도미 1마리를 잡아 생선 손질을 시작으로 초새우, 백미새우, 간장새우, 유부, 계란, 장어, 소고기, 피뿔고동,

참치, 샐러드 등 다양한 식자재를 준비하였다.

손으로 하나하나 직접 만드는 초밥은 밥알 350개 위에 재료의 맛을 살려 사람의 따뜻한 온도로 대접하는 음식으로 매력이 가득했다.

초밥이 선물하는 신선한 맛에 빠져 『안효주 손끝으로 세상과 소통하다』 책과 유튜브에서 초밥의 거장과 관련된 영상을 전부 찾아서 보았고, 음식을 통하여 세상의 식자재와 손님과 소통하는 방법을 점점 알게 되었다.

더 나아가 매장의 매출과 함께 초밥 하나당 만들어지는 단가를 직접 계산하였고, 매출 대비 추가적인 고용으로 운영의 부담이 되고 있다는 사실을 알게 되었다.

계속 일한다는 것이 스스로 부담스러웠다. 그래서 초밥의 범위를 넓혀 다양한 수산물을 취급하는 횟집에 관심을 갖게 되었고, 지역에 있는 초밥

집과 횟집의 수를 계산해보니 횟집이 더 선호도가 높았다.

'그래, 결심했어! 더 넓은 바다인 횟집으로 출발이다.'

바로 회센터에 취업하여 안주 요리를 담당하는 부장으로 주 6일 자정까지 근무했다. 기본 안주로 옥수수콘, 김치전, 고등어 구이, 조개찜, 유린기 (중식닭튀김), 미역국, 새우튀김이 나갔고, 생선머리구이, 은행튀김, 칠리새우, 탕수육 등 추가 서비스로 고객의 마음에 따뜻한 정을 느낄 수 있게 했다.

횟집에 근무하면서 안주 요리만 하지 않고, 스스로 여유를 만들어 실장이 하는 회칼판 쪽으로 가서 도움을 드리며, 다양한 수산물의 손질법을 공짜로 교육을 받았다. 멍게, 개불, 낙지, 석화, 랍스터, 대게, 가리비, 홍합, 바지락, 우럭, 광어, 줄돔, 도다리, 방어, 숭어 등 다양한 수산물이 요리로 거듭나는 것을 직접 경험해 보았다.

손님과 함께하는 시간이 깊어질수록 『장사의 신』이 생각났고, 접객에 대한 새로운 관점으로 물만난 물고기처럼 매장을 헤엄치듯이 팔팔하게 살아 움직였다. 초밥보다 단가가 높은 회는 가격을 3번이나 인상을 하였지만, 고객이 체감하는 온도는 서비스의 질에 대비 부담스럽지 않았고, 오히려 만족하며 재방문율이 높았다. 10개 테이블로 운영되는 횟집은 초밥집 대비 두 배의 매출을 올리고 있었고, 금액으로 하루 매출이 한 달 월급 수준이었다.

'하루 만에 한 달 월급을 벌 수 있다니. 지금까지 난 경제적 문맹자였구나.'

하루하루 바닷속을 탐험하듯 횟집에서 열심히 헤엄치고 있었는데, 두 눈 앞에 급여가 더 높고 실장을 구인하고 있는 곳을 보았다.

'그래!, 이번에도 또 다른 모험이 날 기다리고 있겠지. 해적이 된 것처럼 앞으로 돌진이다.'

이번에는 주꾸미 직영점 실장으로 취업하였다. 첫 출근부터 본사에 방문하여 웍을 사용하여 주꾸미에 불향을 내는 방법과 주꾸미 손질법을 배웠다. 불의 세기와 불에 노출되는 시간에 따라 주꾸미의 식감이 달랐고, 조리 후 물이 생기지 않도록 연습했다. 프랜차이즈 운영은 본사를 통해 전반적인 교육과 매출 신장을 위한 조언을 아낌없이 해주었다. 그 조건으로 매출의 몇 %을 받거나 음식 재료의 핵심인 소스 값을 받고 있었다.

바다의 향을 품고 있는 섬세한 주꾸미 볶음을 만들면서 하루하루 감칠맛이 나도록 노력하였다. 하지만 노력의 반대로 매출은 좀처럼 파도의 흐름을 타지 못하였고, 급기야 파도에 휩쓸린 것처럼 음식 재료비와 인건비, 관리비 등을 포함한 금액이 매출보다 높았다.

사장은 심각한 표정으로 급여 삭감을 통보하였다.

'왜 이렇게 되었을까?'

스스로 깊은 심해에 빠진 것처럼 곰곰이 생각해보았다. 주꾸미라는 한정된 메뉴와 낮은 단가로 인하여 판매를 하지 못하면 바로 매출에 영향을 받았고, 무엇보다 상권에서 식사보다 모임 위주의 음주를 즐기는 젊은 층이 많았다.

'만약에 내가 사장으로 매장을 운영한다면 어떻게 했을까?'

고민해보았지만 나도 남다른 생각이 떠오르지 않았다. 근무 1개월도 못 채우고 눈앞에서 월급이 엎질러진 물처럼 흩어지는 순간이었다. 지금까지 경험을 바탕으로 생각을 해보았다. 한식조리사 자격을 취득한 이후에 병원조리사, 초밥, 회, 주꾸미를 통하여 놓치고 있는 것은 없는지? 그리고 고객의 관점에서 경험해본 것을 다시 뒤돌아보며 생각했다. 과거 제일 많이 이용한 식당이 있다면 갈비 한정식 집이었다.

고객 입장에서 갈비를 편하게 먹을 수 있고 품격과 서비스, 개인/단체별 이용할 수 있는 룸이 구비되어 있다. 전국 프랜차이즈 지점으로 어디에서나 일괄적인 맛과 서비스를 받을 수 있다. 맛과 서비스 그리고 품격이 있는 한정식 집에 입사하여 배우고 싶었다. 각종 어플을 통하여 모집 공고를 확인하고 집 근처에 있는 곳에 입사 접수를 통하여 면접을 보았고, 오후 파트 조리사로 입사를 하게 되었다.

한식이라는 전통음식을 배울 수 있는 점과 무엇보다 전국적으로 운영하는 곳을 배울 수 있다는 생각에 가슴이 살짝 뛰었지만, 5일 연속으로 밀려오는 설거지만 하면서 뛰었던 가슴은 차갑게 식어버렸다.

설거지가 왜 이렇게 많은지! 흐르는 게 설거지 물인지 땀인지 모를 만큼 열심히 하였지만, 주방을 보니 제일 말단인 나의 위로 50대, 60대의 대대 선배들이 두 눈을 부릅뜨고 나를 신기하게 보고 계셨다.

'한 다라이 가득한 고사리 다듬기 외에 조리할 수 기회는 10년을 기다려야 할 것만 같았다.'

그리고 갑자기 자녀의 코로나 확진과 같이 감염되어 나갈 수 없게 되었고, 2주간의 부재로 부담을 드릴 수 없어서 죄송한 마음과 함께 다른 곳을 또 찾아서 떠날 수 밖에 없었다.

경제적 독립을 향한 배움을 얻기 위하여 매출이 높고 지속적으로 고객이 찾아오는 곳을 찾아보니 근처에 중식 전문점 있었다.

바로 찾아가 대표와 함께 의자에 앉아 함께 이야기를 나누며, 면접을 보았다. 전국매장에서 매출 1등을 하고 있고, 월 매출이 억이 넘을 만큼 일은 힘들지만 그만큼 보람이 있는 곳이라며 소개를 해주었다. 그리고 대표가 생각하는 3가지 원칙이 있다며 이야기해주셨다.

첫 번째는 건강해야 일할 수 있고, 두 번째는 성실하면 무엇이든 할 수 있고, 세 번째로 복지라며, 직원의 노력에 대우하기 위하여 노력한다고 하셨다.

중식 전문점은 24시간 영업을 하는 곳으로 주간 야간 근무조가 있어 12시간 근무 후 교대를 한다 있었다. 근무 중 브레이크 타임으로 2시간이 쉴 수 있도록 직원의 휴식을 보장하고 있는 것과 동시에 복장을 지급하여 같은 소속감을 느낄 수 있게 하였다.

동일한 맛을 유지할 수 있도록 레시피를 준수하였고, 무엇보다 각자 담당하는 영역이 있어 책임감을 가지고 일하면서 동시에 서로 간의 간섭이 낮추고 화합될 수 있도록 하였다.

조리실에서 짬뽕을 만드는 웍, 탕수육, 볶음밥, 배식, 배분, 면, 설거지 부분으로 나눠서 일을 하였고, 6시간 기준으로 서로의 일을 교대하면서 업무 피로도가 누적되지 않도록 하였는데….

배달이 없는 매장이라 밀물과 썰물이 교차하는 조석 간만의 차도 없이 파도가 몰아치는 해안선처럼 손님이 밀려들어왔다.

한 달 월급의 10배, 다른 가게의 한 달 매출이 하루 만에 입금될 만큼, 바쁠 때 1분 30초에 삶는 면은 6인분에서 12인분을 넣고, 탕수육은 반죽 후 5분을 기다릴 여유도 없이 1초에 하나씩 만들어졌다.

'24시간, 비가 오는 날, 휴일과 상관없이 손님이 찾아오는 이유는 무엇일까?'

1번 국도를 기준으로 서울 방향에 위치하고 있으며, 입구 앞에 신호등이 있고 절묘하게 차선이 막히면서 배고픔을 참지 못하고 저절로 고객이 들어오는 것처럼 보였다. 신호등을 보면서 스스로 질문을 했다.

'조건이 잘 갖추어진 곳이 아닌 제한이 있는 곳이라면 어떻게 운영해야 할까?'

채워지지 않은 보물 상자를 보며, 항해의 돛을 올리며 또다시 배움이 있는 곳을 향해 출발했다.

4.

삶은 책과 함께
또다시 시작된다

　이번에 닻을 내리고 정박한 곳은 배달 전문으로 하는 연어전문 프랜차이즈 2호점이었다. 연어 전문점으로 차별화를 통하여 틈새시장을 파고드는 매장으로 지금까지 볼 수 없었던 다시마에 절인 숙성 연어로 회와 초밥을 만들었고, 1인 매장으로 많은 매출을 목표로 하지 않고 지속적인 고객의 찜을 받으며 사랑받는 곳이었다.

　배달에 특화된 만큼 배달의 민족의 찜과 리뷰가 4.9점으로 높았으며 무엇보다 고객의 좌심방 우심방을 뛰게 할 만큼 반응이 좋았다.

연어전문점으로 매장은 작은 편이지만, 고객의 마음 속에는 크게 자리를
잡고 있었는데 이유는 서비스에 있었다. 연어 전문점에 맞는 연어 요리로
연어구이, 연어장, 연어와케(와사마요,케이퍼 조합), 연어덮밥, 연어사시
미, 연어초밥, 연어샐러드 등 고객의 오감을 자극하며, 고객을 만족시켰다.

고객의 감동적인 리뷰와 함께 매출도 상승하였지만, 제일 중요한 음식
재료인 연어의 가격이 두 배로 상승하면서 매출 대비 식자재 비율이 60%
이상으로 상승했다. 또다시 매장 운영이 힘들어지고 폐업하면서 어쩔 수
없이 그만두었다.

외부적인 요인에 많은 영향을 받는다는 것은 통제력을 잃게 되는 것이라

는 생각이 들었다. 『연어는 왜 돌아오는가』처럼 먼 곳을 돌아다니면, 다시 처음으로 회귀된 것 같았다. 하지만 많은 경험의 시간이 축적되었는지 얻은 것이 많았고, 책과 함께 또다시 꿈이 생겼다.

'그래, 책의 지식을 음식에 담아 생명을 살리는 일을 해보는 거야.'

글로벌 슈퍼푸드를 활용한 『최강의 식사』라는 이름으로 나만의 음식점를 운영하고 싶었다.

'최강의 식사'는 실제 뉴욕타임즈 베스트셀러로 선정된 책으로 운동 없이 살이 빠지고 아이큐를 올린다고 한다. 『최강의 식사』로 더 나은 삶을 위해 노력해본다면 어떨까?' 생각할수록 가슴이 뛰었다.

『장사의 神을 넘어 비즈니스의 神으로』 되기 위해서, 꿈의 생각을 삶의 행동으로 실천하기 위해서 자본금이 필요했는데, 친구에게 부탁하거나 대출로 시작할 수 없었다. 스스로 일어나 가치를 명증하는 일이라는 생각이 들었고, 꿈을 향해 다시 책과 함께 손 잡고 삶의 길을 무작정 달렸다.

'나는 할 수 있다. 될 때까지 하면 된다.'

건강한 책의 지식을 음식에 담아 생명을 살리는 『최강의 식사』라는 음식점을 창업하고 싶은 나는 꿈이 있습니다. 최강의 식사는 지구상에서 사람의 몸에 가장 좋은 음식을 요리하여 건강하게 살도록 돕는 것이다.

요리 레시피로 글로벌 슈퍼 푸드(귀리, 블루베리, 녹차, 마늘, 연어, 브로콜리, 견과류, 적포도주, 토마토, 시금치)와 슈퍼 컬러 푸드(빨, 주, 노, 초, 파, 남, 보, 흰색)를 핵심으로 책에서 소개된 방탄커피(MCT오일, 기버터, 커피)와 ABC주스(사과, 비트, 당근) 등을 준비하였고, 건강한 삶으로 의식을 전환하기 위하여 매주 진행되는 건강독서모임, 음식독서단의 프로그램 기획까지 완성된 상태로 책의 지식이 현실에 실존하는 것을 빨리 보여 주고 싶다.

"지식을 음식에 담았습니다. 사람을 살리는 음식, 최강의 식사 119 화이팅!"

3장

─────────────────────────────

지식 생산자의
꿈

.

.

.

1.

방구석 노트북 하나로
지식을 생산하다

『나눔형 인간』의 삶을 위하여 경제적 독립을 이루어야 한다. 『존리의 부자 되기 습관』처럼 습관 하나 없는 나에게 자본금을 마련하기란 쉬운 일이 아니었다. 하지만 새삶을 위하여 마음과 정신을 새롭게 하고 다시 시작하기로 하였다.

돈 버는 방법에는 여러 가지가 있겠지만, 현시점에서 또다시 한 번도 도전하지 못한 새롭게 새로운 영역에서 경험을 하고 싶었다. 알바몬, 알바천국, 교차로, 벼룩시장, 워크넷, 호텔업, 푸드앤잡, 취업검색, 해주세요, 동네알바, 당근 등 수많은 구인 광고를 검색했다.

원양어선을 타고 6개월 동안 바다 위를 항해하며 극한 마음을 단련하고 싶었지만, 가족과의 시간을 함께 보낼 수 없다는 생각에 보류하였고, 급여에 플러스알파가 적힌 호텔이 보였다.

'플러스알파가 뭐지? 잔업인가?'

호텔의 근무는 24시간 근무 후 24시간 휴무인 격일 근무로 당일 10시 출근하여 명일 10시 퇴근이었다. 식사 2시간과 야간 3시간의 휴식할 수 있었고, 월 사용할 수 있는 휴무는 없지만, 플러스알파가 있었다.

플러스알파는 청소팀이 퇴근하고 없는 시간에 고객이 숙박하고 사전 퇴실할 경우 객실을 청소하여 재판매될 때 받는 더블비 15,000원과 고객의 요청으로 인하여 맥주와 안주를 구매할 때 받는 5,000원 이상의 팁이 있었다. 하루에 없는 경우도 많지만 많게는 50,000원 이상 플러스 되었다.

호텔 업무는 플러스알파보다 야놀자, 여기어때 어플을 활용한 객실 예약과 확인, 고객의 차를 대신 주차하는 발레파킹, 라면, 샌드위치, 커피 등 고객의 조식을 준비하거나 객실 점검을 통하여 호텔의 본질인 편안한 휴식을 제공하였다.

호텔 업무를 하면서 고객을 기다리는 시간에 짬짬이 독서를 하거나 원고작성을 할 수 있어서 좋았고, 무엇보다 격일 근무에 따른 다른 일을 할 수 있는 여유가 있다는 것이 가장 큰 장점이었다. 쉬는 날이 되면 할 수 있는 알바를 찾아서 뛰어다녔다.

신규 분양하는 오피스텔에 10톤차 한 대 분량의 가구 양중을 하기 위하여 지하에서 지상 10층까지 건설용 리프트를 타고 심장 쫄깃쫄깃하게 쫄아도 보고, 당근 알바를 통하여 이삿짐도 나르고, 물류 단기 알바로 박카스와 우루사까지 먹으면서 8시간 내 800박스를 접으면서 계속 킵고잉(Keep Going) 했고, 인력사무소를 통하여 찾아가 건설현장에서 이것저것 가리지 않고 닥치는 대로 막노동을 하였다.

'쉬는 날이 더 힘들구만!'

갑자기 『NEXT SOCIETY』 피터 드러커의 목소리가 들렸다.

'육체노동자 다음 지식근로자로 가야지!'

온몸에 피멍이 들어 있던 나에게 맨소래담 로션처럼 시원하게 머릿속에 떠올랐다. 지식근로자를 향하여 책을 찾아서 이리저리 살펴보는 중 『방구석 노트북 하나로 월급 독립 프로젝트』 책이 보였다.

'이제부터 나도 방구석에서 시작해야지!'

『방구석 노트북 하나로 월급 독립 프로젝트』는 자는 동안에도 돈이 들어오는 디지털 파일 판매하는 것으로 저자는 제2의 아마존인 엣시 글로벌 상위 1% 셀러이자 클래스 101 TOP 인기 강좌로 등록되어 방구석에서 2년 만에 연 수입 1어 원의 돈을 벌고 있었다.

'나도 방구석에서 독립 만세! 만세! 만세다.'

나에게는 책이 있습니다

무엇을 디지털 파일로 판매해야 할지 방구석에서 노트북과 라면 2개의 1일 1식으로 매일 꼼꼼히 생각했다. 지금까지 책을 읽으면서 정리하고 삶에서 행동했던 경험을 바탕으로 지식이 담긴 양식지를 판매해야겠다는 생각이 들었다.

　지식이 담긴 양식지는 학교에서 가르치지 않는 공부이자 삶의 필요한 양식으로 가족/관계, 건강, 경제, 성장, 신앙/봉사의 지식을 삶에서 행동할 수 있도록 하는 것이었다.

　각 양식지에 이름을 붙여 가족(주는사랑 아이노트), 건강(음식시민 건강노트), 경제(자수성가 부자노트), 성장(자기완성 성장노트) 등을 만들어 디지털 파일로 판매될 수 있도록 디자인했다.

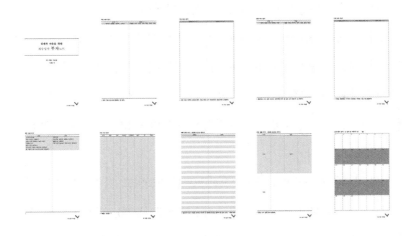

　디지털 파일을 인터넷을 통하여 판매하기 위하여 사업자 등록 및 통신판매업 신고를 했고, 이름하여 무지개사(무한 지식 개발사) 탄생했다.

무지개사는 더 나은 내일을 위하여 새로운 라이프 북 스타일을 제안하는 것을 사명으로 쿠팡, 네이버 스마트스토어, 당근 마켓을 통하여 디지털 파일 제품과 함께 줌 Zoom 회의를 통한 코칭을 결합한 상품을 판매하였다.

아직 시작의 단계로 새로운 인식이 필요한 만큼 장기적인 시각으로 판매되기를 기다렸다. 하나의 씨앗을 심고, 다음으로 방구석에서 독립할 수 있는 방법을 더 찾아서 나만의 지식을 더 생산하고 싶었다.

☆ 예스맨의 꿈 이야기

무지개사(무한 지식 개발사)로 새로운 라이프 북 스타일을 제안하고, 자녀에게 지식 유산과 가족의 가업을 남겨주고 싶은 나에게는 꿈이 있다.

책의 지식을 활용하여 가족/관계, 건강, 경제, 성장, 신앙/봉사의 인생의 모든 면을 점점 더 좋아지게 하는 것이다. 인생의 모든 면에 책의 지식을 분류하여 가족(자식), 관계(휴식), 건강(음식), 경제(주식), 성장(지식), 신앙(안식), 봉사(인식), 행복(형식), 성공(방식) 사람의 인식을 변화시키는 것이자 삶의 의식을 혁명하는 것이다.

책의 지식을 활용하여 인생에 필요한 노트를 만들었고, 가족(주는 사랑 아이 노트), 건강(음식시민 건강노트), 경제(자수성가 부자노트), 성장(자기완성 성장 노트) 등 많은 사람들이 노트를 작성하여 더 나은 내일을 선물하고 싶다.

"책과 함께 손 잡으면, 삶의 모든 면이 점점 더 좋아진다."

2.

독서혁명가로
첫 유튜브에 도전하다

방구석에서 경제적 독립할 수 있는 지식을 생산하기 위하여 수백, 수천 권의 책 속에서 『유튜브 젊은 부자들』을 바로 찾았고, 바로 몇 시간 만에 완독하여 바로 유튜브 프로젝트 목표를 설정했다.

■ 유튜브 프로젝트 목표들

□ 사회운동가, 환경운동가처럼 사회독서가 되기

□ 23인 유튜버 시청 및 구독하기

□ 톱 크리에이터 성공 비결 적용하기

□ 독서혁명가 무한책사로 크리에이터 도전, 유튜브 시작하기

□ 독창적인 콘텐츠 생산하기

□ 1차 100개 영상, 2차 1년 200개 영상 올리기

□ 구독자 10만 명 채우기

□ 1년 1억 연봉, 수입 구조 만들기

□ 광고, 강의, 교육화 등 수익 모델 다각화하기

유튜브 독서혁명가로 책과 삶 그리고 지금까지 취득한 자격을 바탕으로 흥미로운 모델을 설정해 독서의 재미와 인생의 의미를 더하여 독창적인 콘텐츠의 기획을 먼저 해보았다.

– 보험설계사가 아닌 독서 설계사!

인생의 위기를 기회로 바꾸는 독서의 기술을 소개하고자 합니다. 보험설계 시 위기를 대비하여 우선적으로 살피는 항목이 있는데 알고 계시나요? 사망, 후유 장애, 진단비, 수술비, 의료실비, 운전, 배상 책임, 주택 화재 등입니다.

보험과 같이 독서 설계도 건강, 경제, 가족, 성장, 신앙/봉사를 우선적으로 살핀 후에 관계와 행복이라는 주제를 알아간다면, 인생의 위기를 대비하고 더 선명하게 미래를 준비할 수 있습니다.

그리고 다양한 책을 읽은 후 인생의 테마별로 구분하고 체계를 만들어 전략적으로 독서 설계를 할 수 있는데….

인생의 전환점을 만들 수 있는 인생의 책, 생각의 패러다임을 바꿀 수 있는 인문의 책 등 수많은 설계를 할 수 있습니다.

– 사회복지사가 아닌 독서 복지사!

어려움에 처한 사람들을 만나서 문제를 파악하고 해결하는 데 필요한 복지 서비스를 제공하는 것이 사회복지사라면, 독서 복지사는 인생의 문제와 해결을 제시하는 책을 연결하여 저자의 만남과 더불어 삶을 위한 조언을 구하는 것입니다.

혹시 저자를 만나 인생의 코칭을 받은 적이 있나요?

'네가 있기에 내가 있다'는 우분투 정신처럼 어려움에 처한 사람들을 네 몸과 같이 생각하고 나아가 아름다운 세상을 위하여 인생을 함께 살아간다면 더 나은 내일이 펼쳐질 것입니다. 독서 복지사는 사회를 위한 선한 책을 추천하며 일상의 인식을 변화시키고 삶에 대한 새로운 의식을 가지게 합니다.

'아름다운 세상을 위하여 지금 무엇을 해야 하는지 책에서 찾아보면 어떨까요?'

- 웃음치료사가 아닌 책 치료사!

불안, 우울, 강박 등 부정적인 감정이 심해졌을 때 웃음요법을 통해 긍정적인 감정으로 바꿔주는 것이 웃음치료사라면, 책 치료사는 감정의 이해와 마음의 변화를 알아차리고 깨어 있는 의식으로 현실을 현명하게 대처할 수 있도록 책을 추천하는 독서의 기술입니다.

책은 읽는다는 것은 혼자만의 시간을 보내지만, 책을 통해 주인공과 함께 두려움에서 벗어나 도전하는 삶의 이야기를 통해 앞으로 한 발짝 나아갈 수 있는 희망을 선사합니다.

혹시 책을 읽으면서 위로를 받았던 기억이나 잃어버렸고 살았던 추억을 다시 생각한 적이 있나요? 책은 저자의 과거 기록이지만 독자의 현재 어록으로 가슴을 뜨겁게 하고 기쁨을 따라가게 하는 삶이 될 수 있습니다.

'나를 이해해주고 위로해주는 책을 찾아 모아보면 어떨까요?'

- 화훼장식사가 아닌 책 장식사!

혹시 책이 제일 싫어하는 공간이 있는데 알고 계시나요? 아무도 읽지 않는 책장은 책의 무덤이라고 합니다. 책이 제일 좋아하는 곳은 사람들의 손으로, 어떻게 책을 보관해야 꽃을 보듯 책을 볼 수 있는지 독서의 기술을 소개하고자 합니다.

화훼장식은 조화와 균형을 이루는 여백의 미를 가진 동양화와 화려하고 다채로운 발산의 미를 가진 서양화로 구분되지만, 책 장식은 방법이 다양합니다.

빨/주/노/초/파 색깔별, 경제/건강/신앙/봉사/가족/성장 주제별, 읽을 책/읽은 책/읽고 있는 책별, 초급/중급/고급 단계별, 전문 분야별, 전작주의 작가별 등 별의별 것이 다 있습니다.

자신만의 책장에 별자리를 만들어 가는 것이며, 책장을 볼 때마다 빛나는 북두칠성의 별을 만날 수 있습니다.

'향기 가득한 인생의 책장을 꾸미고 꽃을 보듯 책을 보면 어떨까요?'

– 퍼스널 트레이너가 아닌 북 트레이너!

퍼스널 트레이너는 인체의 조직과 함께 근육이 연결된 시작과 끝을 이해하여 올바른 운동법을 말이 아닌 몸으로 체득할 수 있도록 도움을 드리는 일입니다. 이처럼 북 트레이너도 건강에 필요한 영양소 같은 지식을 공급하고 나아가 건강한 식습관을 형성할 수 있도록 도움을 드리는 독서의 기술입니다.

혹시 책만 읽었을 뿐인데 다이어트가 저절로 된다면 독서하시겠습니까?

북 트레이너로 건강한 정신이 건강한 육체를 만든다고 생각하며, 운동이 저절로 되는 방법은 항상 손에 건강한 정신이 담긴 책을 가지고 다니면 됩니다. 그리고 간단한 독서 운동법을 가르쳐드리겠습니다.

자신의 지식 중량에 맞는 바벨과 같은 책을 들고 앉았다 섰다 하는 동작인 스쿼트, 엎드린 자세에서 책을 보면서 팔과 다리를 최대한 들어 올리는 슈퍼맨, 책 속에서 깨달음을 얻을 때마다 만세를 외치며 어깨의 볼륨감과 함께 자신감이 샘솟는 숄더 프레스 등 다양한 독서 운동법이 있습니다.

'살아 있는 책과 함께 산책을 나가면 어떨까요?'

- 한식조리사가 아닌 북셰프!

대부분의 사람들은 육체를 위한 음식은 자주 먹지만, 정신을 위한 지식은 먹지 않는 것 같습니다.

그래서 맛있는 독서로 건강한 지식을 만드는 독서의 기술을 소개하고자 합니다.

제일 먼저 재료 선택이 중요한데 흥미 있는 책으로 제목이나 표지가 한눈에 딱 들어오는 책이 좋습니다.

그래야 군침이 싹 돌면서 처음부터 맛있게 먹을 수 있습니다.

혹시 두꺼운 책을 선택했다면 스테이크처럼 책의 두께를 손질해 읽을 수 있는 양만큼 썰어내는 것도 좋습니다.

그래야 소화도 잘됩니다.

이후에 양념과 같은 3색 볼펜으로 페이지마다 중요한 것에 밑줄 쫙 표시까지 한다면 더욱 풍미가 더해진 북 요리가 됩니다.

마지막으로 접시와 같은 바인더에 지식을 담아 마무리하고, 에빙하우스의 망각곡선이 있기에 맛있는 지식은 여러 번 재독하면 정신 건강에 아주 좋습니다.

'맛있는 독서는 7번 읽기처럼 보고 또 보면 어떨까요?'

하나하나 콘텐츠를 기획하고, 영상을 찍고, 편집하고, 자막을 입력하고, 음악을 설정하고, 왜 이리 고고고고고생인지. 혼자서 콘텐츠를 제작하기엔 많은 시간이 소유되었다. 완벽에 대한 충동 때문인지 등록하고 삭제를 반복했다.

'전 세계를 무대로 크리에이터에 계속 도전해야 하는데…, 누가 도와주세요. 도와주세요!'

'뿌린 대로 거두리라!'를 생각하면서 계속 『킵고잉(Keep Going)』했다.

3.

디지로그형 블로그로
지식을 소통하다

수많은 책과 유튜브를 보면 경제적 독립를 위하여 자주 보이는 항목이 있다.

카카오뷰, 쿠팡 파트너스, 제휴마케팅, 해외구매대행, 스마트스토어, 이모티콘, 애드포스트, 블로그, 티스토리 등 부업이나 사업을 통하여 경제적 독립을 얻은 사람들이 많다는 것이었다.

지금까지 블로그를 작성해보고 싶은 마음은 있었지만, 이제는 블로그를 할 수밖에 없다는 사회 속에 살고 있다는 생각이 들었다.

천만 방문자를 부르는 『블로그의 신』처럼 블로그를 운영하기 위하여 지금까지 책과 삶의 이야기를 『디지로그』처럼 아날로그의 삶을 디지털의 블로그에 하나씩 정리하여 옮겼다.

　무지개(무한 지식 개발) I Life You 블로그를 개설하여 인생의 첫 순간부터 시작된 책과 삶의 이야기를 글로 작성하기 시작했다. 그리고 지금까지 읽고 정리했던 100권의 책을 독점하기보다는 디지털의 세상에 나누었고, 폐쇄적으로 파일에만 있던 삶의 이야기를 개방하면서 블로그의 이웃이 한 명씩 생겼다.

　시작 11명, 14일 뒤 36명, 28일 뒤 745명, 32일 뒤 1,000명, 42일 뒤 2,021명, 48일 3,200명.

　하나씩 풀어갈 때마다 공감과 댓글로 매일 밥을 먹었고, 아날로그에서도 느낄 수 없는 감정을 디지털 공간인 블로그 집에서 따뜻한 정을 쌓아갔다.

　@지혜가 샘물처럼 님

　일반인도 사랑을 하게 되면 시인도 되었다가 소설가도 되었다가 철학가도 되었다가 하는 것처럼 독서혁명가님의 좋은 글이 소소한 글을 폼 나는 것처럼 만드나 봅니다.

　@로즈마리 님

　가장 놀라운 건 독서혁명가 님의 글로 내 안에 잠자는 거인의 세포가 꿈틀꿈틀하고 있다는 것입니다. 이미 한 사람에게 선한 영향력을 끼칠 수 있다는 것은 만인에게 영향력을 줄 수 있음을 알고 있지요.

@제리스텔라 님

건강 때문에 고민이 많았는데 정말 독서혁명가 님을 만난 게 너무나 큰 도움이 되고 있어요. 더욱더 많은 분들이 이 좋은 글들을 읽었으면 좋겠어요. 너무나도 좋은 선한 영향력을 펼쳐주셔서 진심으로 감사드립니다. 블로그 하길 정말 잘한 거 같아요. ㅎㅎ

@키나르 님

'꿈이 아닌 뜻을 세워라.'라는 글귀가 제 마음속에 자리를 잡았네요. 항상 당연하게 꿈만 꾸고 있었는데…. 꿈을 이루기 위해서는 뜻이 있어야 하는데 꿈만 생각하고 있던 저의 고정관념을 깨뜨려버리는 계기가 되었어요.

블로그를 통해 댓글을 달면서 마음까지 나누었고, 소통의 즐거움이 점점 커졌다.

"당신이 사실 최선의 것을 세상에 주고도 크게 낙담하게 될지 모른다. 그래도 최선의 것을 세상에 주어라." 『그래도Anyway』 책처럼 가지고 있는 최선의 지식을 나눌수록 기쁨이 가득했다.

4.

삶이 책에 남아
세상과 연결되다

책을 출판하기 위하여 출판사 911곳의 이메일을 확인하여 계속 원고 투고, 원고 투고, 원투원투의 복싱을 했고, 중복과 발송 실패를 제외하고 546곳에 계속 투고했다. 도서 출판의 링이라는 무대에서 펀치를 계속 날렸고, 그중에서 50곳(9.158%)에서 출판 검토 및 거절의 답변이 왔다.

그리고 마침내 3곳에서 전화가 왔다. 첫 만남에서 라이트 어퍼컷의 치명적인 공격으로 KO만 할 수 있다면 글에서 책이 될 수 있었다. 다행히 첫 만남에서 계약서에 다운을 받아냈고(0.183%), 피 같은 빨간색 도장을 찍으며 바로 계약을 할 수 있었다. 삶이 책이 된다는 승리감을 알게 되었다.

'나는 긍정의 파이터다!'

이제 과거의 시점에서 현재의 시간으로 돌아와, '사람은 무엇으로 사는가?'라고 스스로 질문한다면, 지금까지 나는 책과 함께 삶을 살았고, 앞으로도 책과 함께 살아갈 것이다.

책을 통하여 삶을 살아가는 방법을 알게 되었고, 꿈을 꾸게 되었으며, 앞으로도 책과 함께 꿈꾸며 나아갈 것이다.

책을 읽고, 일단 해봤다. 그리고 책 빼고 다 바꿔봤다. 경제적 독립으로 섬김형 인간을 향한 꿈은 지식 생산과 함께 지금도 진행 중이다.

책을 머리로 기억하는 것이 아니라 삶의 흔적을 남겨 언제든지 들여다볼 수 있게 되었고, 앞으로 더 많은 책과 삶이 나를 기다리고 있다고 생각하니 가슴이 벅차다.

언제부터인가 사람을 만날 때마다 읽었던 책 이야기를 할 때 기쁨이 가득한 상태가 된다. 그리고 읽은 책이 보이지 않는 책장에서 튀어나올 때마다 나 자신도 깜짝깜짝 놀란다.

보이지 않는 책장은 인생을 살아가는 최강의 무기이자, 나의 문제를 해결할 수 있는 최선의 길을 제시한다.

이제 삶에서 두려움이 없다. 앞으로도 책과 함께 성실하게 일하고, 책과 함께 성찰하며, 책과 함께 성숙하고, 책과 함께 성장하여 책과 함께 성공할 것이다. 이 책을 통하여 나의 삶이 책이 되어 세상과 연결될 것이다.

"자세히 보아야

예쁘다

오래 보아야

사랑스럽다

(   )도 그렇다."

- 『꽃을 보듯 너를 본다』의 한 구절 변용 -

저자의 요샛말 〈책이 아니면 죽음을! 독서하자〉

살아 있는 인생의 경험을 한 페이지 한 페이지에 압축하여 꽉꽉 담았고, 편안한 길에서 벗어나 포장되지 않은 인생의 길을 만들며 중요한 순간마다 함께했던 책(벗)을 소개했다. 책 없이 삶을 살아가는 사람들의 손을 볼 때마다 소중한 벗의 손을 뿌리치고 혼자 살아가는 외로움이 느껴진다.

국민 독서실태 조사를 보면 독서율과 독서량을 확인할 수 있다. 이대로 간다면 지식을 집대성한 책은 사람들의 손을 떠나 책의 무덤이 되어버리는 책장에만 꽂혀 있을 것이다.

'어떻게 하면 책 읽는 문화를 다시 되살릴 수 있을까?'
'올바른 길로 다시 걸어갈 수 있을까?'

대통령이 관직에 있어 올바른 정치를 하지 못할 때, 국민은 지켜만 보지 않고 하야를 촉구하며 촛불집회를 한다. 국민의 자발적인 참여와 함께 새로운 시대를 선택하는 정신이 현재 독서에도 필요하다.

쿠바의 혁명가 체 게바라가 "조국이 아니면 죽음을! 승리하자!"라고 외친 것처럼 책을 읽을 때마다 깨달음으로 가슴이 떨린다면 우리는 인생의 벗이자, 삶을 바꾸는 독서혁명가로 "책이 아니면 죽음을! 독서하자."를 함께 외칠 것이다. 고래 입 크기만큼 다시 말해본다.

"제발 체 게바라처럼, 제발 책을 펴봐라!"

책이 삶이 되는 기적은 친구이자 아버지 같은 저자들이 있었기에 가능했다. 이 책을 통하여 저자들에게 감사의 마음을 전하며 삶에서 다시 한번 함께하기 기원해본다. 나를 믿어준 한 사람에게 감사하며, 아이들에게 인생을 살아가면서 아버지의 존재에 관하여 궁금할 때, 이 책을 길들이며 꽃을 보듯 이 책을 보길 바란다.
삶의 친구처럼 책과 함께 살아남아 기억되기를….

독서혁명가 최무정 북 드림

부록

저자의 인생책, 저자의 생활책

저자의 인생책

⊙ 『삶의 의미를 찾아서』 / 빅터 프랭클 / 청아출판사

⊙ 『성공하는 사람들의 7가지 습관』 / 스티븐 코비 / 김영사

⊙ 『위대한 나의 발견 강점 혁명』 / 톰 래스 / 청림출판

⊙ 『원씽 THE ONE THING』 / 게리 켈러 / 비즈니스북스

⊙ 『화』 / 틱낫한 / 명진출판사

⊙ 『나는 자기계발서를 읽고 벤츠를 샀다』 / 최성락 / 아템포

⊙ 『39세 100억, 젊은 부자가 되는 7가지 방법』 / 이진우 / 랜덤하우스코리아

⊙『화성에서 온 남자 금성에서 온 여자』 / 존 그레이 / 동녘라이프

⊙『한국인만 모르는 다른 대한민국』 / 임마누엘 페스트라이쉬(이만열) / 21세기북스

⊙『아이 내면의 힘을 키우는 몰입독서』 / 최희수 / 푸른육아

⊙『독서 천재가 된 홍대리』 / 이지성 / 다산라이프

⊙『인생의 차이를 만드는 독서법, 본깨적』 / 박상배 / 위즈덤하우스

⊙『청소력』 / 마스다 미츠히로 / 나무한그루

⊙『책만 보는 바보』 / 안소영 / 보림

⊙『디지털 치매』 / 만프레드 슈피처 / 북로드

⊙『최고의 변화는 어디에서 시작되는가』 / 벤저민 하디 / 비즈니스북스

⊙『베이스캠프』 / 김승 / 미디어숲

⊙『아침형 인간』 / 사이쇼 히로시 / 한즈미디어

⊙『책수련』 / 김병완 / 동아일보사

⊙『바인더의 힘』 / 강규형 / 스타리치북스

⊙『프로페셔널의 조건』 / 피터 드러커 / 청림출판

⊙『몰입의 즐거움』 / 미하이 칙센트미하이 / 해냄

⊙『실행이 답이다』 / 이민규 / 더난출판사

⊙『식탐을 버리고 성공을 가져라』 / 미즈노 남보쿠 / 바람

⊙『불로장생 탑시크릿』 / 신야 히로미 / 맥스미디어

⊙『슈퍼미네랄 요오드』 / 이진호 / 느낌이있는책

⊙『물, 치료의 핵심이다』 / F. 뱃맨겔리지 / 물병자리

⊙『만성피로 극복 프로젝트』 / 이동환 / 대림북스

⊙『뇌내혁명』/ 하루야마 시게오 / 사람과책

⊙『다이어트 불변의 법칙』/ 하비 다이아몬드 / 사이몬북스

⊙『잘 먹고 잘 사는 법』/ 박정훈 / 김영사

⊙『건강 관리 혁명』/ 폴 제인 필저 / 아이프렌드

⊙『건강독서혁명』/ 백용학 / 건강다이제스트사

⊙『습관의 힘』/ 찰스 두히그 / 갤리온

⊙『김밥 파는 CEO』/ 김승호 / 황금사자

⊙『생각의 비밀』/ 김승호 / 황금사자

⊙『나를 믿어주는 한 사람의 힘』/ 박상미 / 북스톤

⊙『우리 까페나 할까?』/ 김영혁 / 디자인하우스

⊙『공부는 예배다』/ 박철범 / 다산에듀

⊙『7일 만에 끝내는 돈 공부』/ 조진환 / 원앤원북스

⊙『이젠, 책쓰기다』/ 조영석 / 라온북

⊙『미각력』/ 스즈키 류이치 / 한문화

⊙『추억의 절반은 맛이다』/ 박찬일 / 푸른숲

⊙『맛있는 베트남』/ 그레이엄 홀리데이 / 처음북스

⊙『소금중독』/ 김성권 / 북스코프

⊙『설탕중독』/ 낸시 애플턴 / 싸이프레스

⊙『우리 식탁위의 수산물, 안전합니까?』/ 김지민 / 연두m&b

⊙『바다맛 기행』/ 김준 / 자연과생태

⊙『세상을 담은 밥 한 그릇』/ 길담서원/ 궁리

⊙『종자, 세계를 지배하다』/ KBS 스페셜 〈종자, 세계를 지배하다〉 제작

팀 / 시대의창

- ⊙『음식문맹자, 음식시민을 만나다』/ 김종덕 / 따비
- ⊙『외식의 품격』/ 이용재 / 오브제
- ⊙『리딩으로 리드하라』/ 이지성 / 차이정원
- ⊙『0세 육아』/ 글렌 도만 / 살림
- ⊙『0세 교육의 비밀』/ 시치다 마코토 / 한울림어린이
- ⊙『칼비테의 자녀교육법』/ 칼 비테 / 베이직북스
- ⊙『밥상머리의 작은 기적』/ SBS 스페셜 제작팀 / 리더스북
- ⊙『아버지의 성 父性』/ EBS다큐프라임『아버지의 성』제작팀 / 베가북스
- ⊙『글로벌 아이』/ 박희권 / EBS미디어
- ⊙『프랑스 엄마 수업』/ 안느 바커스 / 북로그컴퍼니
- ⊙『유대인 엄마의 힘』/ 사라 이마스 / 위즈덤하우스
- ⊙『내 아이를 위한 감정코칭』/ 조벽 / 한국경제신문
- ⊙『유대인 하브루타 경제교육』/ 전성수 / 매일경제신문사
- ⊙『신앙 명문가의 자녀교육』/ 김재헌 / 비전북
- ⊙『여덟 단어』/ 박웅현 / 북하우스
- ⊙『백만장자 메신저』/ 브렌든 버처드 / 리더스북
- ⊙『부의 추월차선』/ 엠제이 드마코 / 토트
- ⊙『나는 앱으로 백만장가가 되었다』/ 채드 뮤레타 / 티즈맵
- ⊙『인생수업』/ 엘리자베스 퀴블러 로스 / 이레
- ⊙『2018 인구 절벽이 온다』/ 해리 덴트 / 청림출판
- ⊙『2019 부의 대절벽』/ 해리 덴트 / 청림출판

⊙『노후파산』/ NHK 스페셜 제작팀 / 다산북스

⊙『내가 알고 있는 걸 당신도 알게 된다면』/ 필레머 / 토네이도

⊙『가족의 파산』/ NHK 스페셜 제작팀 / 동녘

⊙『25살 대한민국 성공공식을 뒤집다』/ 최지현 / 이순

⊙『고객은 언제나 떠날 준비를 한다』/ 예영숙 / 더난출판사

⊙『보험왕 토니 고든의 세일즈 노트』/ 토니 고든 / 삶과꿈

⊙『돌파력』/ 라이언 홀리데이 / 심플라이프

⊙『행동하는 리더의 체크리스트』/ 마이클 유심 / 매일경제신문사

⊙『피드백』/ 김경민 / 뷰디플휴먼

⊙『최고의 하루』/ 조 지라드 / 다산북스

⊙『실패에서 성공으로』/ 프랭크 베트거 / 씨앗을뿌리는사람

⊙『The Next Trillion 다음 천만장자는 어디에서 나올까?』/ 폴 제인 필저 / 아이프렌드

⊙『손정의 300년 왕국의 야망』/ 스기모토 다카시 / 서울문화사

⊙『종의 기원』/ 찰스 다윈 / 동서문화동판

⊙『나는 직장에 다니면서 12개의 사업을 시작했다』/ 패트릭 맥기니스 / 비즈니스북스

⊙『체 게바라 자서전』/ 체 게바라 / 황매

⊙『지적 자본론』/ 마스다 무네아키 / 민음사

⊙『쿨하게 생존하라』/ 김호 / 모멘텀

⊙『유엔미래보고서 2040』/ 제롬 글렌 / 교보문고

⊙『나에게는 꿈이 있습니다』/ 클레이본 카슨 / 바다출판사

⊙『폴리매스』/ 와카스 아메드 / 안드로메디안

⊙『생각의 속도로 실행하라』/ 제프리 페퍼 / 지식노마드

⊙『연금술사』/ 파울로 코엘료 / 문학동네

⊙『한국의 사회 문제』/ 김영재 / 윤성사

⊙『쓰레기 문제 보고서』/ 마크리더 편집부 / 마크리더

⊙『피처버그의 빈민가에 핀 꽃』/ 빌 스트릭랜드 / 에이지21

⊙『지구를 살리는 7가지 불가사의한 물건들』/ 존 라이언 / 그물코

⊙『지구를 지키는 101가지 방법』/ 재키 와인스 / 거인

⊙『지구를 구하는 창조의 현장에서』/ 레스터 브라운 / 도요새

⊙『플랜 B 3.0』/ 레스터 브라운 / 도요새

⊙『시크릿』/ 론다 번 / 살림Biz

⊙『당신은 뼛속까지 경영자인가』/ 해럴드 제닌 / 오씨이오

⊙『하고 싶은 일이 없는 사람은 사회적 기업가가 되어라』/ 야마모토 시계루 / 생각비행

⊙『하나님이 나의 기업을 소유하시다』/ 스탠리 탬 / 규장

⊙『지도 밖으로 행군하라』/ 한비야 / 푸른숲

⊙『경주 최 부잣집 300년 부의 비밀』/ 전진문 / 민음인

⊙『섬김형 인간』/ 미타니 야스또 / 토기장이

⊙『지금 하지 않으면 언제 하겠는가』/ 팀 페리스 / 토네이도

⊙『버킷리스트』/ 유영만 / 한국경제신문

⊙『하루 15분 정리의 힘』/ 윤선현 / 위즈덤하우스

⊙『단순하게 살아라』/ 베르너 티키 퀴스텐마허 / 김영사

⊙『소유냐 존재냐』/ 에리히 프롬 / 까치

⊙『무소유』/ 김세중 / 휘닉스

⊙『아낌없이 주는 나무』/ 셸 실버스타인 / 시공주니어

⊙『펄떡이는 물고기』/ 스티븐 C. 런딘 / 한언출판사

⊙『안효주 손끝으로 세상과 소통하다』/ 안효주 / 전나무숲

⊙『장사의 神』/ 우노 다카시 / 쌤앤파커스

⊙『최강의 식사』/ 데이브 아스프리/ 앵글북스

⊙『장사의 神을 넘어 비즈니스의 神으로』/ 틸만 페르티타 / 시목(始木)

⊙『존리의 부자 되기 습관』/ 존리 / 지식노마드

⊙『방구석 노트북 하나로 월급 독립 프로젝트』/ 노마드 그레이쓰 / 리더
스북

⊙『유튜브 젊은 부자들』/ 김도윤 / 다산북스

⊙『나의 첫 유튜브 프로젝트』/ 김세진 / 다산북스

⊙『블로그의 신』/ 장두현 / 책비

⊙『디지로그 digilog』/ 이어령 / 생각의나무

⊙『그래도 Anyway』/ 켄트 키스 / 애플씨드북스

⊙『나는 긍정의 파이터다』/ 이희성 / 길벗

⊙『사람은 무엇으로 사는가?』/ 레프 니콜라예비치 톨스토이

저자의 생활책

○ 가족/관계

1. 『조선 명문가 독서교육법』

2. 『푸름아빠의 아이 내면의 힘을 키우는 몰입독서』

3. 『칼 비테의 자녀교육법』

4. 『밥상머리의 작은 기적』

5. 『내 아이를 위한 감정코칭』

6. 『유대인 엄마의 힘』

7. 『경주 최 부잣집 300년 부의 비밀』

○ 건강

1. 『식탐을 버리고 성공을 가져라』

2. 『청소력』

3. 『미각력』

4. 『불로장생 탑시크릿』

5. 『최강의 식사』

6. 『음식문맹자, 음식시민을 만나다』

7. 『건강 관리 혁명』

○ 경제

1. 『마시멜로 이야기』

2. 『96%의 사람들이 모르는 다섯 가지 부의 비결』

3. 『유대인 하브루타 경제교육』

4. 『39세 100억, 젊은 부자가 되는 7가지 방법』

5. 『부자 아빠 가난한 아빠 1』

6. 『부의 추월차선』

7. 『300억의 사나이』

○ 성장

1. 『인생의 차이를 만드는 독서법, 본깨적』

2. 『성과를 지배하는 바인더의 힘』

3. 『사람은 무엇으로 성장하는가』

4. 『9번째 지능』

5. 『성과를 향한 도전』

6. 『시간을 정복한 남자 류비셰프』

7. 『너만의 명작을 그려라』

○ 신앙/봉사

1. 『청소부 밥』

2. 『무소유』

3. 『공부는 예배다』

4. 『하고 싶은 일이 없는 사람은 사회적기업가가 되어라』

5. 『하나님이 나의 기업을 소유하시다』

6. 『피츠버그의 빈민가에 핀 꽃』

7. 『섬김형 인간』